Joscha Remus

Lesereise Berlin

Joscha Remus

Lesereise Berlin

Der Lichtertanz am Mauerpark

Picus Verlag Wien

Grafische Gestaltung: Dorothea Löcker, Wien
Umschlagabbildung: © Michael Krause
Druck und Verarbeitung:
Druckerei Theiss GmbH, St. Stefan im Lavanttal
ISBN 978-3-7117-1034-5

Informationen über das aktuelle Programm
des Picus Verlags und Veranstaltungen unter
www.picus.at

Inhalt

Wahre Größe

Irritationen und Glücksgefühle in der Hauptstadt

»In einem kosmischen Maßstab ist Berlin vielleicht nicht groß und niemals wird es so groß sein, wie die Berliner es finden. Auf jeden Fall aber ist Berlin weiträumig.«

Jakob Hein,
Gebrauchsanweisung für Berlin

»Berlin ist heute keine sehr große Stadt. Es ist gemessen an seiner Einwohnerzahl eine enorm ausgedehnte Stadt.«

Hanns Zischler,
Berlin ist zu groß für Berlin

»Berlin ist sehr weitläufig.«

Tripadvisor.de

Erstens.

Hinweis: Der nachfolgende Text wurde an einem Tag geschrieben, an dem ich frühmorgens im Frühling in Berlin-Neukölln sämtliche Autoscheiben freikratzen musste. Gemütsverfassung: kritisch, aufgewühlt, außer mir.

Berlin soll also sehr weitläufig sein, sagt der *Tripadvisor*. Meinetwegen, denn wer Berlin erlaufen möchte, sollte wirklich eine ausgezeichnete Kondition besitzen.

Berlin ist nicht groß, aber weiträumig? Lieber Jakob Hein, so etwas sagt man allenfalls von Wohnungen. Aber selbst da klingt es meist nach verstecktem Spott: »Also groß ist dein Wohnzimmer ja wahrlich nicht, aber weiträumig könnte man sagen.«

Und enorm ausgedehnt? Wenn einer der größten Kenner Berlins, der Schauspieler, Regisseur, Fotograf und Publizist Hanns Zischler, in seinem Buch »Berlin ist zu groß für Berlin« gleich in der Einleitung betont, die Stadt sei zwar keine sehr große, aber »gemessen an seiner Einwohnerzahl eine enorm ausgedehnte Stadt«, dann kann ich dem absolut nicht zustimmen. Allerdings ist dies die einzige Einschätzung, der ich in Zischlers sehr lesenswertem Buch widersprechen möchte.

Ich bin völlig irritiert, wie viele Autoren immer wieder in ihren Büchern über die Hauptstadt betonen, Berlin sei zwar nicht sehr groß, aber eben sehr weitläufig, weiträumig und ausgedehnt. In vielen Synonymwörterbüchern macht die Verwendung dieser Begriffe keinen großen Unterschied und man fragt sich unweigerlich: Was bringt die werten Kollegen, ausnahmslos Männer, zu dieser seltsamen Einschätzung?

Wer wie ich die letzten Winter in Neuseeland und Australien verbracht hat und wer sehen möchte, wie eine wirklich ausgedehnte Stadt aussieht, sollte mit dem Auto einmal durch Sydney fahren. Obwohl die Stadt Sydney nur etwa eine Million Einwohner mehr als Berlin zählt, besitzt die australische Metropole mit über tausendsechshundertsechzig Quadratkilometern eine beinahe doppelt so große Fläche wie die deutsche Hauptstadt. Wobei man bedenken sollte, dass der angrenzende Pazifik im Osten die Stadt Sydney noch einmal einer großen potenziellen Ausdehnungsfläche beraubt. Und selbst Wellington, die Hauptstadt Neuseelands, hat zwar nur ein Zehntel der Einwohnerzahl Berlins, aber mit einer Fläche von vierhundertvierundvierzig Quadratkilometern immerhin fast die Hälfte seiner Ausdehnung.

Berlin, die flächenmäßig größte deutsche Stadt, ist also, gemessen an anderen Metropolen, nicht etwa so übermäßig groß, dass man dies mit »enorm ausgedehnt« zum Ausdruck bringen müsste. Aber Berlin hat stellenweise immer noch einen sehr ländlichen Charakter, besteht zu einem Drittel aus Wäldern und aus zahlreichen Flüssen, Seen und Kanälen. Das ist für mich die größte Überraschung, die Berlin nichts ahnenden Besuchern heute zu bieten hat. Aber wer von ihnen durchstreift schon den riesigen Grunewald, und welcher der Gäste segelt gar auf dem Wannsee oder begibt sich auf ein Floß am Müggelsee, um Berlins enorme Wasserwelten zu bestaunen?

Berlin macht auf viele Besucher den Eindruck des »ewig Provisorischen«, wie der Schriftsteller und Lyriker Rudolf Borchardt es ausdrückte. Eine Stadt des immerwährenden Wandels, deren Wunden man noch bis in die neunziger Jahre an den Einschusslöchern in den Häuserfassaden ablesen konnte. Eine stark zerstörte Stadt, deren Vergangenheit sich heute noch an den zahlreichen Freiflächen ablesen lässt und vor allem an den Trümmerbergen ablesen ließe, wenn man diese denn im Stadtbild so ohne Weiteres erkennen könnte.

Ich möchte erneut Hanns Zischler zitieren, der völlig zu Recht behauptet, Groß-Berlin sei »immer auch eine Illusion« gewesen und »eine Fata Morgana über märkischem Sand und Sumpf«. Erst durch die Trockenlegung zahlreicher Sümpfe, die industrielle Befestigung, erst durch die Kanalisierung, die Landnahme durch Dämme und Brücken ließ sich das frühere, das wilde Berlin halbwegs bändigen und zähmen. Heute staunen die Besucher Berlins über eine der grünsten und wasserreichsten Städte Europas.

Wer von Berlin aber als einer enorm ausgedehnten Stadt sprechen möchte, sollte nie vergessen, dass hier zahlreiche Dörfer zu einem Ballungsraum zwangsvereinigt wurden, was insbesondere einige Spandauer den Restberlinern heute noch übel nehmen. Eine erste Orientierung, aus wie vielen Dörfer Berlin einst entstanden ist, könnte die Zahl der etwa fünfzig Dorfkirchen geben, die über das gesamte Stadtgebiet verteilt sind. Wilmersdorf, Reinickendorf, Schmargendorf, Zehlendorf, Hellersdorf, Mariendorf: Die Namen einiger Bezirke und Ortsteile verleugnen den dörflichen Ursprung der Metropole nicht.

Es könnte aber auch sein, dass das Erscheinungsbild Berlins als einer enorm ausgedehnten Stadt an den unzähligen Baustellen und den damit verbundenen Wartezeiten liegt. Denn nicht nur Straßenbenutzer, sondern auch Fahrgäste der Berliner U-Bahn und, Stichwort »Hauptstadtflughafen«, Freunde der Luftwege wissen, dass man aufgrund einer baulichen Maßnahme an irgendeiner Straßenkreuzung oder in irgendeinem U-Bahn-Schacht in Berlin auch immer etwas Reservezeit mit im Gepäck haben sollte. In diesem Zusammenhang könnte man von Berlin durchaus als einer ausgedehnten Stadt sprechen. Von einer Stadt, in der es jederzeit zu einer ausgedehnten Zwangspause kommen kann. Eines der schönsten Dinge, die man in solchen langen Berliner Zwangspausen dabeihaben kann, ist übrigens ein gutes Buch.

Zweitens.

Sie dürfen raten, in welcher Verfassung ich den nachfolgenden Text geschrieben habe.

Nach einer einstündigen Massage und einem Aufenthalt in einem sogenannten Schwebebad fahre ich mit Genuss im Taxi durch Berlin zu einem Interviewpartner. Ich fahre Taxi, weil mein Auto vor einer Woche seinen Geist aufgegeben hat und ich so nun endlich einmal die Aussicht auf die City Berlins entspannt genießen kann. Die Frühlingssonne scheint mir ins Gesicht, heute Nachmittag bin ich bei Freunden auf eine Grillparty eingeladen. Im Radio läuft »Walk on the Wild Side« von Lou Reed und der Taxifahrer plaudert über das schöne Wetter und seine Kinder. Mit einem Schmunzeln sehe ich den frisch verliebten Frühlingspaaren zu, die im Rausch des Boogie Woogie ihrer Hormone noch nicht einmal die fluchenden Autofahrer bemerken, denen die sich küssenden und eng umschlungenen Paare viel zu langsam über die Straße gehen. Völlig verblüfft stelle ich einige Stunden später am Schreibtisch bei der Arbeit fest, dass ich während der gesamten langen Taxifahrt keine einzige der auf dem langen Weg liegenden Baustellen Berlins bemerkt hatte. Keine einzige! Und auf der Strecke, das ergab die

Recherche, lagen so einige Baustellen. Ergo: Mit einem frischen Frühlingskopf voll Sonnenschein und einem ausgewogenen Mix der Hormone sieht man in Berlin keine Baustellen mehr. Und noch etwas: Plötzlich störte mich auch rein gar nichts mehr an dem Gedanken, Berlin sei eine sehr ausgedehnte Stadt. An Tagen wie diesem erscheint mir Berlin eine der ausgedehntesten Städte überhaupt zu sein. Wunderschön ausgedehnt. Ganz bezaubernd ausgedehnt. Verzeihung also, lieber Jakob Hein, natürlich ist Berlin weiträumig, an guten Tagen sogar ausgesprochen weiträumig, und Verzeihung auch, lieber Hanns Zischler. Meine vorherige Bewertung ist allein dem winzigen Moment morgendlichen Missmuts zu verdanken, der entstehen kann, wenn man zur allerschönsten Frühlingszeit in Berlin einen Termin am Ende der Stadt hat und vorher noch Autoscheiben freikratzen muss. Es braucht andererseits nicht viel, um Berlin in eine der weltweit schönsten Städte zu verwandeln.

Etwas Sonne, einen blauen Himmel, der sich in der Spree spiegeln kann, einen angenehmen Hormonspiegel eben, einen guten Wein, einen netten Taxifahrer, eine schöne Musik im Ohr oder einfach ein Lächeln – und schon ist die Stadt herrlich entspannt und groß und ausgedehnt. Sehr, sehr ausgedehnt.

Wo das wilde Herz Berlins schlägt

Von Kuppelhunden und anderen Flirtbeschleunigern

Es gibt Säugetierpopulationen, die, zumindest zeitweise, eng auf dichtestem Raum zusammenleben können. Wie Sabine, ihr Hund Gromit und ich beispielsweise. Am Tag, als ich Sabine auf jener Gartenbank in der konspirativen Berliner Kleingartensiedlung von Tanja und Thomas zum allerersten Mal recht nahe kam, lag ihr Terrier Gromit bereits eine halbe Stunde tiefenentspannt auf meinem Schoß und wurde von mir mit den kunstvollsten Massagetechniken verwöhnt, die eine in Shiatsu ausgebildete Therapeutenhand einem flauschigen Hunderücken nur zukommen lassen kann, als die rechts dicht an mich gedrängte Sabine fragte:

»Was hat mein Hund eigentlich, was ich nicht habe?«

Aus flirttechnischen Gründen sei nun eindringlich davor gewarnt, bei einer solchen Frage die offensichtliche biologische Wahrheit der bei einem Hund, selbst bei einem Rüden, bäuchlings ausgeprägten Säugetiermilchleisten und die Vielzahl ihrer drüsenartigen Auswüchse ins Spiel zu bringen.

Vielmehr sollte eine frei verfügbare Hand dem weiblichen Nacken nun mindestens ebenso viel Aufmerksamkeit und Sorgfalt angedeihen lassen, wie es zuvor beim Hunderücken der Fall war, wobei sich natürlich bald herausstellen mag, dass es eklatante Unterschiede zwischen einem völlig myogelose- und hartspannfreien Hunderücken und dem verspannten Nackenbereich eines hart arbeitenden menschlichen Weibchens geben kann.

Wie auch immer. Dank der reizenden Fähigkeit des kleinen Glatthaarterriers Gromit, dem ich fortan gerne den Ehrentitel Kuppelhund verliehen habe, und den erstaunlichen Gedächtnisleistungen meiner rechten Hand, kulminierte diese erste Massagesession in einem zarten ersten Kuss. Der aufmerksamen Hundebesitzerin Sabine R. war allerdings nicht entgangen, mit welcher Inbrunst ich vorab das Fell ihres Hundes Gromit bearbeitet hatte, was später zu der durchaus berechtigten Frage führte: »Könnte es sein, dass du eigentlich nur meinen Hund kennenlernen wolltest?«

Tja. Berliner lieben Tiere. Und Tiere lieben Berlin. Der gewöhnliche Kuppelhund kommt in Berlin vor allem im Frühjahr zum Einsatz. Der Frühling ist eine Zeit, in der sich nicht nur die Leinen von professionellen Dogsittern am Grunewaldsee auf mysteriöse Art mit denen attraktiver Kolleginnen verheddern. Auch Hundeausführ-Amateuren gelingt es im Frühling in den Fußgängerzonen der Stadt und auf Berlins Bürgersteigen auf besonders elegante Weise, miteinander ins Gespräch zu kommen oder, wie es Sabine so schön formulierte, anzudoggen. Es soll sogar bereits Workshops geben, in denen man die hohe Kunst des geschickten Anbandelns mittels Hundeleinen und Hunden erlernen kann, und auch einen Berliner Laden, der gut ausgebildete Kuppelhunde stundenweise verleiht.

Die dafür trainierten Vierbeiner müssen als Charaktereigenschaften vor allem Fröhlichkeit und Kontaktfreudigkeit mitbringen, die es dann in den antrainierten Varianten dezent bis aufdringlich gibt. Wie mir ein Berliner Kuppelhundeverleiher bestätigte, gibt es durch die Vermittlung von guten Kuppelhunden in Berlin durchaus überraschende Paarbildungen, wie einige Hochzeitsfotos in seinem Büro bezeugen sollen.

Kein Wunder, dass Berlin dank solcher Ideen als Europas verrückteste und durchgeknallteste Flirthauptstadt gilt, wurden doch hier Deutschlands erste Pheromon-Partys veranstaltet, zu denen die Teilnehmer ihre verschwitzten T-Shirts mitbringen oder mit verbundenen Augen und tief in der verschwitzten Achselhöhle vergrabener Nase den »Kann-ich-dich-riechen-Test« machen.

Beim in Berlin erfundenen Silent Dating hat es übrigens wiederum Vorteile, ein Haustier zu besitzen, da man diese Variante des Kennenlernens wunderbar, beispielsweise mit einem Hund, einüben kann. Beim Silent Dating wird, wie der Begriff schon erahnen lässt, nicht gesprochen. Man sitzt schweigend an einem Tisch, blickt seinem Gegenüber nur tief in die Augen oder den Ausschnitt und entscheidet sich dann, später, nur aufgrund der Mimik, für einen Partner.

Auch das Gen-Dating wurde meines Wissens, zumindest was Deutschland betrifft, zuerst in Berlin erprobt. Ein Verfahren, bei dem man seinen Traumpartner per Genanalyse findet. Und natürlich haben auch die Date-My-Dog-Partys gerade in der Hauptstadt einen riesigen Erfolg. Frauchen und Herrchen blicken sich in tierfreundlichen Locations bei einem Glas Wein noch tief in die Augen, während die mit klassischen Berliner Namen ausgestatteten Hunde Stulle und Bärchen sich unter dem Tisch längst beim animalischen Speed Dating wild hechelnd übereinander hergemacht haben. Auf der dazugehörigen Website www.datemydog.de kann man sich das lästige Weintrinken gleich ganz ersparen, wie mir ein Berliner Hundefreund erzählte. Da sich viele Singles auf dieser Dating-Website nicht mit eigenem Bild präsentieren, sondern damit zufriedengeben, von einem Mopsgesicht repräsentiert zu werden, kann man sich den Spaß machen und versuchen, aufgrund dieses Mopsgesicht-Platzhalters auf die Physiognomie des Besitzers zu schließen, was durchaus zu manchen Überraschungen führen mag.

Was Hundebesitzern in Berlin übrigens mit sich verheddernden Hundeleinen mühelos gelingt, schaffte die aus Kiew stammende Berliner Schriftstellerin und Publizistin Katja Petrowskaja am Prenzlauer Berg mit einem Esel. Einem Drahtesel allerdings. Zu unserem Treffen im neuseeländischen Café The Dairy kam sie beschwingt auf dem Fahrrad ihrer Tochter angeradelt. Da sie als Kind im bergigen Kiew jedoch keine Gelegenheit hatte, das Fahrradfahren zu erlernen, trat sie als erwachsene Frau zu ihren allerersten Fahrübungen ausgerechnet auf dem Prenzlauer Berg an. Wie sie mir versicherte, lernt man auf diese Weise als ungeübte Fahrerin, so man denn tagsüber und auf den Bürgersteigen Berlins fährt, sehr viele hilfsbereite Männer kennen. Ich hatte bei ihren Ausführungen das Bild einer vermeintlich klassischen ukrainischen Frauenstrategie im Kopf und sah vor mir, wie sich eine radelnde Katja Petrowskaja auf den Bürgersteigen rund um den Helmholtzplatz immer wieder in starke, sie stützende Männerhände fallen lässt. Doch Katja versicherte mir, sie habe das unsichere Fahrradfahren niemals bewusst strategisch eingesetzt, zumal sie ja zu dem damaligen Zeitpunkt auch ihren Mann bereits kennengelernt hatte. Grundsätzlich, so Katja Petrowskaja, wäre die Ungeübte-Fahrerin-auf-einem-Drahtesel-Strategie allerdings auch in diesen modernen Zeiten, trotz Kuppelhunden, Gen-Dating, Silent Dating und Pheromon-Partys eine durchaus erfolgversprechende Möglichkeit, mit einem Berliner oder einer Berlinerin anzubandeln. Aber eben auch aus kosmopolitischer Sicht interessant, um einen Russen, einen Spanier, einen Engländer, einen Neuseeländer oder einen Türken kennenzulernen. Zudem halte Fahrradfahren schlank.

Der Lichtertanz am Mauerpark

Berliner Freiflächen und einleuchtende Transformationen

»Schaukel dich frei! Sternentango am Mauerpark. Heute Nacht«, heißt es auf einem Zettel, den mir ein Mädchen mit rot gefärbten, zu zwei Zöpfen geflochtenen Haaren am Hermannplatz in die Hand drückt. Sicherlich wieder eine dieser Werbeaktionen, denke ich zuerst. Auf der Straße hektisch zugereichte Zettel stoßen bei mir meist auf Ablehnung. Zumal in Berlin-Neukölln. Gefühlte neunzig Prozent der Zettel entpuppen sich meist als nichts weiter als Werbeankündigungen von neuen Handyläden. Doch auf diesem Zettel sehe ich ein tanzendes Tangopaar und einen brennenden Stuhl, ein Bild, das im Copyright den Fotografen Philipp von Ostau ausweist. Kein Konzert im Mauerpark, kein Karaoke, kein angepriesenes Produkt, aber zweifellos eine Einladung. Was für eine seltsame Kombination. Die Schaukeln im Mauerpark, Sternentango, was immer das sei, und Philipp von Ostau.

Die Schaukeln im Mauerpark gehören für mich zu den schönsten Errungenschaften Berlins. Für Kinder wie für Erwachsene gleichermaßen gedacht. Die langen Ketten der fünf Mauerparkschaukeln erlauben akrobatisch hohe Schwünge. Je nach Schwung und Sitzposition hat man dabei sogar die Möglichkeit, ein Teilstück der reich mit Graffiti geschmückten Berliner Mauer zu überfliegen, zumindest in der Fantasie. Hebt man als schaukelnde Person auf dem höchsten Punkt, den man erreichen kann, die Beine an und hält jemand diesen Moment mit einer Kamera fest, wirkt es auf den Fotos so, als würde man die Mauer überspringen. Der Kulminationspunkt beim Schaukeln. Die Wende. Ein Moment mit viel Aussagekraft. Ich habe Bilder gemacht, bei denen die Person auf der Schaukel die Mauer mit ihren Füßen wegzukicken und solche, auf denen sie die Sterne zu küssen schien. Die Wende, an der man anscheinend die Mauer überfliegt – ein berühmter Moment Berliner Glückseligkeit. Demjenigen, der die Idee hatte, direkt an der Mauer diese prächtigen Schaukeln aufzustellen, sollte man ein Denkmal setzen.

Der brennende Stuhl von Philipp von Ostau gehört zur Kunst des sogenannten Light Painting. Eine Kamera wird auf ein Stativ geschraubt und dann nimmt sie mit einer langen Belichtungszeit alles auf, was der Künstler mit Lampen, Leuchtstiften oder, wie es bei von Ostau den Anschein hat, mit Wunderkerzen gezeichnet hat. Zeichnen mit Licht also.

Berlin wimmelt von Kreativen und Künstlern. Manche sind es sogar ohne ihr Wissen, oder falls sie es wissen, machen sie kein großes Aufheben davon. So wie Eva-Eliza Weiß, die sich als Physiotherapeutin aus purer Bewunderung während einer Session durchaus so dermaßen ins Entstehen neuer schöner Muskelreliefs, oder durch abfließende Lymphe entstehende kleine Körperkuhlen verlieren kann, dass sie die Zeit darüber völlig vergisst. Oder einer ihrer Freunde, Peter, der als Taxifahrer während der Wartezeiten neue Spiele erfindet wie Skarou, eine geniale Mischung aus Skat und Roulette. Natürlich gibt man sich in Berlin auch nicht damit zufrieden, einfach Tango zu tanzen. Sondern schafft einen neuen, eigenen Berliner Tangostil, der mittlerweile sogar Tänzer aus Helsinki und Buenos Aires anlockt. So wie Jamon Gutierrez-Silva.

Jamon kommt aus Buenos Aires und ist Fotograf, Maler und Tänzer. Seit je war es sein Wunsch, diese drei Künste miteinander zu vereinen. Die Idee zu dem Projekt seines Lichtertanzes am Mauerpark sei ihm gekommen, als er einen Film mit Picasso sah, in dem dieser mit Licht malte. Als ich abends in den Mauerpark komme, tragen einige Tänzer und Tänzerinnen kleine Leuchtdioden am Körper. Auf einem Foto soll der Lichtertanz dieser Lämpchen später direkt vor den Graffiti der Mauer zu sehen sein. Doch es klappt nicht, weil die Flutlichtanlage des neben dem Mauerpark gelegenen Sportstadions an diesem Abend alle Lichttanzpläne durchkreuzt.

Jamon und ich treffen uns tags darauf erneut im Mauerpark. Schwaden von aromatisiertem Tabak der Wasserpfeifen ziehen durch die Abendluft und mischen sich mit dem Duft gegrillten Lammfleischs und geschmorter Auberginen. Berlin ist eine Stadt mit vielen Freiflächen. Der Freiraum ist vielleicht sogar das hervorstechendste Merkmal dieser Stadt. Eine Stadt, die so lange eingesperrt war, mit einer Mauer umgeben, die ihr oft wie ein zu enges Korsett den Atem nahm. Nach dem Mauerfall und der Wiedervereinigung holte die Stadt tief Luft und die Menschen besannen sich auf ihre Freiräume wie den Mauerpark. Architektonische Sünden gibt es eh genug.

Einige Trommler und Perkussionisten geben dem Mauerpark heute seinen Rhythmus. Es gibt Lamm am Drehspieß. Einige wenige Männer gehen herum, um ein bisschen Geld einzusammeln. Ein Russe mit Riesenbalalaika steht mit seiner Truppe in einer Art Amphitheater. Es ist genau die Stelle im Mauerpark, an der zur warmen Jahreszeit sonntags zum Karaoke gejubelt wird. Jamon erklärt mir seine Arbeit. Es gehe darum, Graffiti aus Licht zu zaubern, die hier, gleich oben mit den Graffiti der Mauer, einen Dialog eingehen sollen. Er möchte heute Nacht einen neuen Versuch starten. Ein Raum aus schwarzem Stoff, direkt vor die Mauer gespannt, soll das äußere Licht abweisen. Die Tangotänzer bewegen sich langsam und exakt in diesem dunklen Raum. »Ein kleines Tanzfeuerwerk soll das später auf der Fotografie werden.«

Berlin leuchtet. Und Berlin leuchtet auf unterschiedlichste Weisen. Jamon nennt sie die Illuminierte Stadt. Rund um den Kater Holzig entflammen zum letzten Mal grün phosphoreszierende Muster. Denn den Kater Holzig gibt's bald nicht mehr. Die beiden Dome des Gendarmenmarkts werden in ein blauwinterliches Licht getaucht. Und nun treibt es die Lichtkünstler also auch in den Mauerpark. Einige aus der Graffiti-Szene stammende Berliner Künstler benutzen die nächtlichen Brachflächen Friedrichhains bereits als ihre dunkle Leinwand. Lichtmaler, die mit ihren Lampen japanische Zeichen in die Berliner Nacht dirigieren.

Jamon bittet zum nächtlichen Lichtertanz am Mauerpark. Für ihn hat dieser Ort einen ganz eigenen Geschmack. Freiheits-Cocktail nennt er ihn. Man nehme eine Prise Christiania, würze das Ganze mit einem Hauch KaZantip (riesiges Freiluft- und Freilust-Festival in der Ukraine / Krim), gebe einen kleinen Schuss Love Parade hinzu, etwas Grillsalz und Tango, etwas Chillen und Blues, und schon ist er fertig, der unnachahmliche Mauerpark-Cocktail. Keine bloße Grünfläche. Was interessiert Berliner, was andere Städter aus ihren Grünflächen machen.

Floßfahrt mit Gemüseschlacht

Besinnung und Kampf in der Wasserstadt Berlin

An dem Tag, bevor ich von einer vollgeschissenen Babywindel getroffen wurde, ging es mir richtig gut. Mit Peter und drei weiteren Flößern verbrachte ich einen äußerst geruhsamen Nachmittag auf dem Müggelsee und den Kanälen eines angrenzenden Wasserwunderlands. Seit Jahren hatte ich Peter versprochen, mit ihm eine Floßfahrt in Berlin zu unternehmen. Und nun schwebt mir Flößer Neu-Venedig durchs Blickfeld. Ein kleines Berliner Delta, das sechs Inseln umspült. Eine hübsche rot-weiß gestrichene Fachwerkvilla gleitet am Ufer vorbei, schön kitschig eingerahmt von wilden Weiden und Schilf. Die Häuser liegen hier direkt am Wasser. Idylle samt Anlegesteg und Ruderboot davor. Elegante Häuschen, gepflegte Vorgärten, die wellige Sonne funkelt im Wasser. Glitzernde Lichtreflexionen samt grünen Tupfern in einem Naturparadies, das man so in Berlin nicht vermuten würde. Eine Mischung aus Spreewald und Venedig in Klein. Und alles schwebt völlig ruhig an einem vorbei. Ruhe pur. Dieser magische Teil der Berliner Wasserwelt ist, im Gegensatz zum Donaudelta, nichts für Raser und Wasserrowdys, die mit ihren Schnellbooten durchs Schilf jagen und regelmäßig geruhsame Paddler erschrecken. Die Welt Neu-Venedigs im Südosten Berlins erschließt sich dem Betrachter am besten in einer langsamen Vorbeifahrt. Am allerbesten eben auf einem Floß, einem selbst gebauten natürlich. Auf die Frage, warum er das sanft dahingleitende Floß ausgerechnet »Black Sabbath« getauft hat, antwortet der Biologe Peter: »Weil man Versuche mit Pflanzen gemacht hat und bei der Beschallung mit der Musik von Black Sabbath haben die Pflanzen sehr schöne, starke und resistente Blätter und Stängel ausgetrieben.«

Ab und an wird auf dem Floß ein wenig diskutiert. Über mögliche Bauformen von Flößen. Ein Berliner soll ein Floß mit einem Fachwerkhaus darauf gebaut haben. Zur warmen Jahreszeit kann er so ständig auf dem Wasser leben. So mancher träumt in der Hauptstadt mittlerweile von einem schwimmenden Zuhause. Einem ganz privaten, beweglichen Paradies. Man braucht noch nicht einmal einen Bootsführerschein dafür. Beinahe neuseeländische Zustände sind das, wo man gar keine Scheine und Prüfungen kennt, weil man beispielsweise das Segeln bereits im Kindergarten erlernt. Auch in Berlin braucht man erst ab fünf PS einen Motorbootführerschein. Aber Flößen ist hier für jeden erlaubt. Auch wenn glücklicherweise noch nicht jeder auf diese wundervolle Idee gekommen ist. Neben einer ganzen Reihe von biederen Flößen gibt es in Berlin mittlerweile auch Partyflöße, Tanzflöße und Exzess- und Summertime-Rave-Flöße, bei denen man unbedingt vorab wissen sollte, welche Inhaltsstoffe die Zaubertrank-Bowle enthält, die zum wilden Tanz aus einem überdimensionalen Kessel gereicht wird.

Neu-Venedig könnte eine der teuersten Gegenden Berlins sein, ist es aber nicht. Bereits einige Namen der kleinen Sträßchen im Delta sind zwar Sinnbild einer edlen Lage, wie der Lagunenweg und der Rialtoring. Aber im exklusiven Wohngebiet Klein-Venedig des einstigen Fischerdorfs Rahnsdorf ist kein Dauerwohnrecht zu bekommen. Die Fläche muss bei Hochwasser zu fluten sein, auch wenn das zum letzten Mal 1947 nötig war, als eine Schleuse ausfiel.

Etwas vom Ufer entfernt gleitet der hohe Turm der Rahnsdorfer Kirche vorbei. Eine halbe Stunde später kommen wir zu einem weißen Pavillon, der fast völlig in einem grünen Dschungel verschwindet. Ein Bootshaus mit blauen Türen und Fensterläden im skandinavischen Stil, eine alte Wasserbaracke mit Seerosenteppich davor. Ein paar Paddler vor einem unpassend wirkenden Wasserhaus im bajuwarischen Stil. Ich erinnere mich daran, dass auch ich einmal eine Wasserbiografie hatte. Oh ja, ich habe eine Faltbootvergangenheit. Das Berliner Umland ist ein Paradies für Paddler. Also habe ich mir ein Faltboot, samt teurem Liegeplatz am Wannsee angeschafft. Dann folgte der Binnensegelschein. Wobei ich mich gewundert habe, an wie vielen Stellen in Berliner Gewässern eine Geschwindigkeitsbeschränkung existiert. Den Motorbootführerschein habe ich nie gemacht, das lohnt sich nicht für Berliner, die eigentlich auf dem Wasser lieber segeln, paddeln und gleiten als rasen. Ich bin dem Wasser treu geblieben. Keine zehn Minuten Fußweg von meiner Wohnung kommt man an die Stelle des Teltowkanals, an der die Rudergesellschaft Wiking e.V. ihre wilden Partys feiert.

Berlin ist eine wundervolle Wasserstadt. Was Besucher Berlins am ehesten erstaunt: In Berlin gibt es noch einen Schifferpfarrer und die Stadt hat neunhundertsechsundneunzig Brücken. Solche, die wirklich übers Wasser führen. Mehr als doppelt so viele wie Venedig. Und auch wenn Hamburg weiterhin als Brückeneuropameister gilt, ist man doch erstaunt über die vielen Brücken Berlins. Lassen Sie sich nicht irritieren, wenn Ihnen jemand die stolze Zahl von über zweitausend Berliner Brücken nennt. Zwar stimmt auch diese Zahl, allerdings sind hierin alle Brücken enthalten, also auch solche, die über Autobahnen oder Eisenbahngleise führen.

Die schönste aller Brücken ist zweifellos die Oberbaumbrücke, die die Stadtteile Kreuzberg und Friedrichshain verbindet, indem sie sich prachtvoll über die Spree spannt. Einmal im Jahr findet an der Oberbaumbrücke die wildeste und verrückteste aller Berliner Schlachten statt. Die Gemüseschlacht, die am Tag nach unserer geruhsamen Floßfahrt ausgetragen wurde. Denn Berlin zeigt ja nicht jeden Tag sein ruhiges Gesicht. Berlin kann auch anders. Ganz anders sogar!

Ein heißer Spätsommertag mit einer gnadenlos gleißenden Sonne. Während die Menschen in überfüllten Freibädern planschen oder in Kieferwäldchen am Ufer von Brandenburger Seen schlummern, führen die Friedrichshainer und die Kreuzberger ihre Schlacht aus.

»Ist es nicht gefährlich, da wo du wohnst?« Die Bedenken meiner außerberlinischen Freunde und einiger meiner Verwandten sind eigentlich völlig unbegründet. Die zum 1. Mai traditionellerweise ausgetragene Kreuzberger Straßenschlacht hat in den letzten Jahren dermaßen an Dynamik verloren, dass viele adrenalingeladene und berauschte junge Männer sich vor lauter Frust an harmlosen Verkehrsschildern abreagieren oder sich als Krieger eben in jener berühmten Berliner Wasser- und Gemüseschlacht austoben. Die wahren Hintergründe dieses Stadtteilgemetzels an der Oberbaumbrücke lassen sich schwer nachvollziehen, gehen aber grundsätzlich auf eine Zwangsvereinigung der beiden Bezirke im Jahr 2001 zurück. Der Krieg zwischen Kreuzberg (ehemals Westberlin) und Friedrichshain (ehemals Ostberlin) tobt auf parodistischer Ebene, wobei die Spaßguerilla von Jahr zu Jahr kreativer wird, was Gemüsekatapulte und ekelerregend stinkende Wurfgeschosse anbelangt. Ich bin übrigens nicht als Kämpfer, sondern als Betrachter in die Schlacht gezogen, stehe also etwas am Rande des Geschehens. Sicherheitshalber habe ich mir ein Regencape übergezogen, um die faulen Tomaten und die faulen Eier besser abwaschen zu können. Die beiden Seiten schlagen an der Oberbaumbrücke mit Schaumstoffschlangen aufeinander ein, feuern Mehlbomben ab oder bewerfen sich mit Abfällen aus der Biotonne. Harte Geschosse dürfen nur in stark gekochtem Zustand zum Einsatz kommen. Grundsätzlich ist aber gegen eine starke Vergärung des Obstes und Gemüses nichts einzuwenden. Die ist sogar erwünscht. Auf Kreuzberger Seite ist wieder eine berüchtigte, resolute, ältere Dame im Einsatz, wobei der Bezirk sowieso altersmäßig über dem jugendlichen

Friedrichshain liegt. Sinn und Zweck der Schlacht ist es, die jeweils andere Partei in ihren Bezirk zurückzudrängen. Und da die Oberbaumbrücke die einzige Verbindung zwischen den verfeindeten Bezirken darstellt, ist ihr jeweiliges Ende dann die Siegeszone.

Da ich als jetziger Neuköllner und »Westler« die Kreuzberger Seite anfeuere, auch weil die Kreuzberger über lange Jahre hinweg regelmäßig verloren haben, war es wohl nur folgerichtig, dass ich als Bestrafung für diese Parteinahme neben diversen Eiern und glitschigem, verfaulten Gemüse eben auch irgendwann eine vollgeschissene Babywindel an den Kopf bekam. Ein eigentlich illegales Wurfgeschoss, das so in den ungeschriebenen Gesetzen des als Gemüseschlacht bekannten Gemetzels nicht vorgesehen ist. »Guck mal«, fragte ich einen der Kreuzberger Kämpfer, »gilt das auch noch als Gemüse?« »Klar«, sagte der Krieger mit einem Schmunzeln, »das war bestimmt mal Gemüse. Auch was durch einen Babydarm gewandert ist, darf jetzt im Kampf eingesetzt werden. Wird ja auch durch die Windel abgemildert. Aber wahrscheinlich handelt es sich um eine Windel aus dem Prenzlauer Berg. Das wäre dann allerdings irregulär. Die riecht schon so nach Mitte, und die in Friedrichshain benutzen gar keine Windeln, sondern Pampers.«

Menschen und ihre süßen Hintergründe

Über Schubladen, Stereotype und Klischees

Ercan schüttet ein wenig Kaffeesatz in die riesigen Pflanzenkübel, die er draußen auf der Terrasse des Café Kotti stehen hat. Von hier oben hat man eine herrliche Aussicht auf die Szenerie am Kottbusser Tor, die so auch im Viertel Tarlabaşi in Istanbul zu sehen sein könnte. Dort unten gibt es einen Gemüsemarkt, auf dem Händler wortreich Karotten und Orangen anpreisen, nur dass sie hier anstatt »Birlira Birlira Birlira« einfach »EinEuro EinEuro EinEuro« schreien. Ein älterer Herr verkauft an einem kleinen Tisch auf einer Samtdecke kostbar aussehende Taschenuhren. Jemand versucht aromatisierten Tabak oder andere Rauchwaren für die Wasserpfeife an den Mann zu bringen. Und Ercan Yaşaroğlu, der Betreiber des kosmopolitischen Café Kotti, schüttet weiter türkische Mokkareste in die Pflanzenkübel.

»Weißt du, es gab mal eine Frau, die hat so irre mit mir geflirtet, mir ist so richtig warm ums Herz geworden. Sie wusste nur, ich komme von der ägäischen Küste. Das schien für sie aber ein ganz besonderes Faszinosum zu sein, das ihr inneres Feuer anfachte. Doch während unseres Gesprächs erfuhr sie dann, dass ich türkische Wurzeln habe und da war die Schöne völlig baff. Ich dachte, du bist ein Grieche, sagte sie, und stellte von jetzt auf gleich alle Flirtversuche ein.«

Klar könnte Ercan auch Grieche sein. Er hat ein derart universelles Gesicht, dass man ihn aber auch ohne Weiteres für einen Sizilianer, Korsen oder Franzosen halten könnte. Kein Wunder, dass ihm nach dieser Erfahrung ethnische Schubladen völlig zuwider sind. »Weißt du, hier ins Café Kotti kommen Menschen. Und was für Menschen. Schau sie dir an. Es ist doch völlig egal, woher die kommen.«

Stimmt. Die ganze Palette ist im Café Kotti vertreten. »Es geht darum, die Hirngespinste der Dummheit und Unfreiheit, die uns den Verstand verstauben, dem frischen Durchzug der Freiheit auszusetzen«, sagt Ercan, der lange Jahre auch Sozialarbeiter in Kreuzberg war. Und dann erzählt er die verrückte Geschichte von zwei türkischen homophoben Männern, die auf dem Gayhane, dem tanzwütigen homo-orientalischen Treffpunkt für Lesben und Schwule in Kreuzberg, eine Schlägerei anzetteln wollten. Einige Monate später outeten sich eben genau diese Männer, die zuvor so aggressiv gegen Homosexuelle aufgetreten waren, in seinem Café Kotti selber als schwul. »Ihre anatolische Erziehung hatte ihnen ein Machokostüm übergestreift«, sagt Ercan, die beiden wussten in Wirklichkeit gar nicht, wer sie wirklich waren.

Ich betrachte die Zeichnungen an der Decke des Cafés, sehe den roten Stern der linken Bewegung. »Venceremos« – wir werden siegen, hat hier jemand an den Himmel des Cafés gepinselt. Alle werden siegen. Vom Nachbartisch schlendert der Sieger und Schauspieler Birol Ünel heran und gibt uns völlig entspannt die Hand. Auch er hatte lange unter den Klischees zu leiden, denn nach seinen fantastischen Auftritten in Fatih Akins Filmen »Gegen die Wand« und »Soul Kitchen« hätte man ihn liebend gerne nur noch auf die Rolle eines Alkoholikers festgelegt. Birol Ünels von einem früheren Unfall mit heißem Öl vernarbtes Charaktergesicht würde aber vielen Filmen gut tun. Ünel sitzt im Café Kotti und beschäftigt sich mit einem Drehbuch über Taschendiebe in Istanbul. »Kap caci nennt man Taschendiebe in der Türkei. Das heißt: Festhalten und Wegrennen. Die Tasche wird festgehalten und dann rennt man weg«, erklärt er mir. Türkische Taschendiebe in Istanbul sind kein Klischee. Sie fallen aus vielen Rollen. Sie haben einen Ehrenkodex. Pass und Papiere werden zurückgegeben. Ab und an erkennt jemand den Schauspieler Birol Ünel und gibt ihm Drehtabak oder ein Bier aus.

Im Café Kotti spiegelt sich die Welt. Lust und Frust. Höhen und Tiefen. Alle Gesellschaftsschichten. Und Ercan gießt weiter seinen »Kaffeebaum«. Einige begrüßen ihn lauthals, andere cool, viele bewundern ihn für seine dichte Haarpracht und einige fassen ihm sogar kennerhaft in den grauen Schopf.

Mit dem Schauspieler Tayfun Bademsoy habe ich mich einmal darüber unterhalten, wieso in deutschsprachigen Filmen ausländische Rollen meist nur nach Klischee besetzt werden. So mussten türkische Schauspieler und Schauspielerinnen über lange Zeit vor allem Obsthändler, Toilettenmänner oder Putzfrauen spielen. Tayfun Bademsoy hat einst die Schauspieleragentur Foreign

Faces gegründet, um gegen solche Klischees, aber auch gegen die schlechte Bezahlung seiner Kollegen anzukämpfen. »Warum sollen Türken nur gebrochen reden, warum dürfen sie in Fernsehspielen nicht akzentfrei sprechen? Warum sieht die Besetzungspolitik im deutschen Fernsehen nicht auch einmal einen türkischen Rechtsanwalt oder Liebhaber vor? Gerade in Berlin sollte man sich nicht so unrealistisch zeigen.«

Die wahre Welt schwebt in Form der Schauspielerin Ava Celik ins Café Kotti. Mit dreizehn Jahren wollte sie Gangster werden, um für das Gute in der Welt zu kämpfen. Für »Liebe und Marshmallows«, wie sie sagt. Sie gehört zur neuen Generation türkischstämmiger Berliner Schauspielerinnen, die nicht mehr ausschließlich nach Klischee besetzt werden. Mit ihrem jungen Gesicht spielt Ava Celik Fünfzehn- bis Fünfundzwanzigjährige. Sie spielt die deutsche Alina, die mit Dreadlocks, Piercing und Tattoo in einem katholischen Kindergarten arbeitet, oder die deutsche Streberin Lena im Internat. Genauso gerne tritt sie aber auch als türkische Barkeeperin auf. In Schubladen möchte Ava auf keinen Fall gepresst werden und entflieht dem Schauspielerdasein auch gerne mal und verwandelt sich dann in eine Philosophin, Fotografin, Musikerin oder Plätzchenbäckerin.

Auch Mustafa Eren ist ein fantastischer Schauspieler, obwohl er eigentlich Lehrer ist. Mit rollenden Augen spielt er vor deutschen Migrantophilen auch mal gerne den Klischeetürken: »Ich habe Dönersaft im Blut«, sagt er ironisch, und als ihn ein Gast im Café Kotti fragt, woher er denn komme, sagt er, sein Migrationsvordergrund sei das türkische Bad. Dann erzählt er von deutschen Hamams und ihren seltsamen Behandlungsmethoden, die einem in jüngster Zeit in deutschen Wellnessabteilungen angeboten werden und deren Benennung sich von seichten stereotypen Haremsfantasien zu speisen scheinen. Da gebe es die Paschabehandlung, die letztlich nichts anderes sei als eine gewöhnliche Rubbel- und Seifenmassage, überboten von der Wesirbehandlung, die sich allerdings nur in der längeren Dauer der Rubbelei unterscheidet und getoppt wird von der sogenannten Sultansbehandlung, die die zusätzlichen Freuden zweier weiterer Hände verspricht. Diese in osmanischer Zeit in den Sultanspalästen angeblich nur den Sultaninnen vorbehaltene Spezialbehandlung mit vorheriger Erwärmung auf einem heißen Stein, dem nachfolgenden türkischen Peeling mit dem Luffahandschuh und abschließender Massage und Abspritzung mit Rosenwasser, würde nun, als Besonderheit in Berliner Massagetempeln, auch Männern zuteil. Wobei sich Mustafa bei so viel germanischem Einfühlungsvermögen in osmanische Sitten dann gerne wieder in einen Klischee- und Machotürken verwandelt. Mit starkem Akzent sagt er dann: »In Istanbul oder Ankara spritzen die Männer nicht mit Rosenwasser im Hamam herum. Da gibt es nur richtige Abreibungen auf der göbek taş, der heißen Marmorplatte, mit einem sehr rauen Handschuh aus Ziegenhaar. Männerhamams sind ja schließlich keine Damenkränzchen, sondern sollen wahre Türken an die hehren Taten ihrer Vorfahren erinnern.« Einige deutsche und türkische Männer in der Runde nicken verständnisvoll. Zum Schluss sagt Mustafa Eren in reinstem Hochdeutsch: »Gar nicht so einfach, Chauvinisten spielerisch zu transformieren.«

»Spielerische Transformation« klingt wunderbar. Es gibt eine zunehmende Anzahl von Türken in Berlin, die über die üblichen Stereotype der Deutschen und ihrer Medien nur noch lauthals lachen können. Einige von ihnen lachen beispielsweise über das, was sie zwanghaft migrantophil nennen und alles, was einen Migrationshintergrund hat, als unantastbar und heilig verklärt. »Die Gutmenschen« werden sie von der Autorin und Journalistin Gülcin Wilhelm auch genannt, die sich ebenfalls in der Kunst der spielerischen Transformation versteht.

Gülcin hat noch ein Interview im Tucholsky-Buchladen, bevor wir um die Ecke in die Confiserie Orientale gehen, wo es herrliches türkisches Marzipan gibt. Bei einer Tasse Mokka beschreibt mir Gülcin die schlimmste Quadriga, die in manchen Bezirken immer noch die Seelen der Menschen martert. »Es gibt vier Dinge, die verschwinden müssen aus den Köpfen und Herzen«, sagt mir Gülcin: »Chauvinismus, Separatismus, Nationalismus und Extremismus.« Gülcins hellwache Augen glänzen, wenn sie mir Geschichten von Schubladenköpfen erzählt und davon, wie sie sich ab und an einen Spaß daraus macht, Gutmenschen zu frotzeln. Der Schalk und die Intelligenz hüpfen einen regelrecht an, wenn Gülcin spricht. Irgendwie, scheint es, hat sie immer einen Streich im Kopf, um den Gutmenschen und Ignoranten etwas mitzugeben, über das sie nachdenken können. Gülcin Wilhelm ist mit einem Buch über die Kofferkinder bekannt geworden. Jene Generation türkischer Kinder, die von ihren nach Deutschland auswandernden Eltern in Anatolien oder anderen Teilen der Türkei zurückgelassen wurden. Kinder, die quasi immer auf gepackten Koffern sitzen, denn jeden Tag könnten die Eltern einen ja nachkommen lassen ins gelobte Almanya. Doch meistens vergebens.

Gülcin erzählt mir die Geschichte einer türkischen Runde, die in einem Lokal um Mitternacht die Freiheit besaß, bereits am 30. Dezember das Glas zum Neuen Jahr zu erheben. Ein Deutscher sei daraufhin aufgestanden um sie zu belehren. So etwas mache man erst zu Silvester. Worauf Gülcin ihn darauf hinwies, dass dies eine alte türkische Sitte sei, von der er, scheint es, keine Ahnung habe. Über Jahre hinweg habe man im immer größeren türkischen Kreis dann dieses spontan erfundene Alternativ-Silvester als eigenes »Freiheitsfest des Geistes« gefeiert.

Gülcin Wilhelm ist gut mit dem Café-Kotti-Betreiber Ercan Yaşaroğlu befreundet. Oft werden sie von Mustertürken als Nestbeschmutzer angefeindet, wenn sie dafür eintreten, dass man türkische und deutsche Gewalttäter gleich behandeln müsse. Auch die Besitzerin der Confiserie Orientale, Sevgi Gürez, wurde von Türken dafür beschimpft, ihren Laden für türkisches Marzipan und Lokum nicht in Kreuzberg, sondern ausgerechnet im schicken Mitte eröffnet zu haben.

Ich sitze auf einem Diwan in der im ottomanisch

eleganten Stil eingerichteten Confiserie Orientale, trinke Granatapfel-Limonade und nasche an Rosenwasser-Lokum und Pistazien-Marzipan. Nebenbei erfahre ich von Sevgi, die früher einmal Dozentin für interkulturelle Kommunikation war, dass die Süßspeise Baklava eine arabische Erfindung ist, von den Deutschen aber als türkische Spezialität angesehen wird.

Ich betrachte die Bilder von Djemil Bey Hassan an der Wand, der einst im jugendlichen Alter von fünfzehn Jahren diese traumhaften osmanischen Marzipanrezepte erfand, dann aber, im Alter, nur noch Musiker sein wollte. Das Sommerlicht flutet durch die weit geöffnete Tür in die helle Confiserie, und dann kann ich mich doch nicht beherrschen und frage die schwarzhaarige Sevgi nach ihren Wurzeln. Eigentlich ist es, das habe ich inzwischen gelernt, ja egal, wo man herkommt. Wie sagte es Ercan: Wir sind alle Menschen.

»Wenn du es ganz genau wissen willst«, sagte Sevgi, »bin ich eine hybride, euro-asiatische Frau mit alevitisch-türkisch zwangsassimilierten und europäischen Anteilen und einem süßen marzipanischen Hintergrund.«

Stullenträume, Edeldöner und Goldwürste

Kulinarische Streifzüge

Vorab gilt es gegen Vorurteile anzukämpfen. Wer die Berliner Küche als kulinarische Zumutung empfindet, in der es vor allem durchgedrehtes Fleisch in Form von Buletten oder Currywürsten gibt, wer behauptet, der Bolus- oder Bockwursttod sei quasi eine Berliner Erfindung, weil es hier besonders häufig zum ganzheitlichen Verschlingen überdimensionierter Bockwürste mit anschließendem Herz-Kreislauf-Stillstand kommt, wer vorgibt, die einzige wirkliche Berliner Spezialität seien Stullen, was meist in einem Atemzug mit dem Vorwurf wiederholt wird, in Berlin gebe es keine Bäckereien, der ahnt nicht, welche kulinarischen Wunder diese Stadt wirklich zu bieten hat. Fangen wir mit dem billigen Stullenvorwurf an, der in vielen Büchern über Berlin immer noch kultiviert wird, aber mittlerweile anmutet wie ein alter, müder Herrenwitz. Stulle ist bekanntlich das Berliner Wort für belegtes Brot, was im Berlin der zwanziger Jahre, also zu einer Zeit, in der größere Teile der Bevölkerung froh gewesen wären, etwas wie Wurst oder Käse zum Belegen der Stullen zur Hand zu haben, mit der humorvollen Wendung »Kind, iss Stulle mit Brot, det macht ooch satt« versehen wurde.

Mittlerweile gibt es Feinkostläden in Berlin, die sich auf die edle Variante der Stulle verlegt haben, ja wahre Stullenmanufakturen, die, natürliche, selbst gebackene Teige und nur edelste, meist regionale Zutaten verwenden. Für Leser und Leserinnen, deren Gourmetneuronen sich bereits beim schieren Aufzählen reizen lassen, hier eine kurze, aber feine Empfehlung: Probieren Sie einmal Berliner Stulle aus Sauerteigbrot mit Aprikosencreme, Ruccola, Brie, karamellisierten Birnenscheiben und Pinienkernen. Wer sich eher für fleischliche Genüsse interessiert, wähle den Scharfen *Broiler* (*Broiler* = Ostberlinerisch für Hähnchen). Tranchen von gegartem Hähnchenbrustfilet in Tandoori-Mandel-Kruste mit Salat und karamellisierten Pfirsichspalten. Da sage mal einer, die Berliner Stullenküche sei nicht fantasiereich. Wer seine Klappstullen selber edel belegen möchte, findet in Berlin neben zahlreichen Marmeladenkreativen (die beste in Zehlendorf) auch eine ayurvedische Feinkostmanufaktur (Kreuzberg), einen Pesto-Dealer (Charlottenburg), eine wunderbare Salumeria (Mitte), einen Kaaswinkel für Käsefetischisten (Reinickendorf) und sogar eine Blutwurstmanufaktur (Neukölln). Wenn alle Stricke reißen, gehe man in die sechste Etage des KaDeWe, des Berliner Gourmet-Klassikers schlechthin, nicht nur für edle Brotbeläge.

Auch der früher durchaus berechtigte Vorwurf, die gute Bäckerei an der Ecke würde zunehmend sogenannten Backshops weichen, muss inzwischen korrigiert werden. Denn die Berliner Brot- und Krustenwissenschaft erlebt seit Beginn der zweiten

Dekade dieses Jahrtausends eine sehr lebhafte Renaissance. Das Comeback des guten alten Bäckerhandwerks kommt in Gestalt vieler neuer, kleiner Backstuben daher. Aber es gibt auch Häuser, die seit über hundert Jahren backen, wie die älteste Bäckerei Berlins, die Bäckerei Siebert im Bezirk Prenzlauer Berg. Das Motto »weniger Hefe, mehr Zeit« spiegelt sich auch in den langen Warteschlangen, die an manchen Tagen bis zur nächsten Straßenecke reichen.

Wer sich etwas kundig macht, kann in Berlin neben Wurzel- oder Sauerteigbrot problemlos noch über achthundert weitere Brotsorten verkosten, und ständig kommen weitere hinzu, wie die Österreicherin Sarah Wiener beweist, die in Berlin ihr Herz fürs Slow Baking entdeckte und das dann in einigen sehr kreativen Broten zum Ausdruck brachte. Ihr mit Anis, Fenchel und Kümmel gewürztes Wiener Brot hört sich zuerst einmal bieder magenfreundlich an, schmeckt aber wirklich köstlich.

Neben Berliner Erfindungen wie den gemütlichen Klappstullen und den kreativen Brotteigen mit Slow-Baking-Charme gibt es natürlich auch solche, die ihre Entstehung der Eile verdanken. Als der sechzehnjährige Mehmet Aygün 1971 im türkischen Imbiss seines Onkels am Kottbusser Damm in Kreuzberg arbeitete, kam ihm für seine ungeduldig wartenden Gästen die Idee, das Fladenbrot einfach aufzuschneiden und diese Brottasche dann mit gegrilltem Lammfleisch, etwas Salat und einer leckeren Sauce zu füllen. Die vielleicht einfachste und genialste Berliner Erfindung hat aus dem in der Türkei üblichen Döner (Drehbratenspieß) auf diese Art eine schlichte, aber delikate Spezialität der Berliner Straßenküche gemacht. Und aus Mehmet Aygün seinerzeit einen mehrfachen Millionär und Hotelbesitzer. Während man in Istanbul bis dahin sein Dönerfleisch auf den Teller geschnitten bekam, wurde die Berliner Erfindung, es einfach in ein aufgeschnittenes Fladenbrot zu legen, zu einer mittlerweile weltweit kopierten Variante. Und so bekommt man seinen Döner-to-go inzwischen auch problemlos in weiten Teilen der Türkei.

Die längste Menschenschlange Berlins, die auf ihre kulinarische Erlösung wartet, habe ich vor Mustafas Gemüsedönerstand am Mehringdamm gesehen. Eigentlich ist es eine Dauerschlange, die zu bestimmten Stoßzeiten durchaus auf eine Länge von fünfzig Metern anwachsen kann. In einer atemberaubenden Choreografie tanzen und wirbeln die Jungs in ihrem Imbisswagen, als wäre Dönerverkauf eine eigene Sportart. Der Hochgeschwindigkeitsdöner, den man hier, direkt am Eingang zur Berliner U-Bahn-Station Mehringdamm bekommt, besteht nicht nur aus exzellente Zutaten, sondern präsentiert sich in einer generösen Füllmenge. Wem das Pide, das dicke Fladenbrot, zu opulent und mächtig ist, kann sich seinen Gemüsedöner aber auch gerne in ein millimeterdünnes Yufka rollen lassen. Das Ganze nennt sich dann Dürüm Döner.

Ein Stückchen weiter gibt es eine weitere Institution, die Berliner Kenner der Imbiss- und Currywurstszene niemals zur Mittagszeit aufsuchen würden, weil sich zu dieser Zeit wahre Menschencluster von spanischen, schwedischen und vermehrt auch chinesischen Touristen an jenem sagenhaften Imbissstand des Curry 36 drängeln. Zur Legendenbildung dieses Currywurststands hat sicherlich neben der sehr guten Qualität der verwendeten Produkte und dem hervorragenden Geschmack der Currywurst auch die Verkäufer-Crew beigetragen. Wer spontanen Berliner Witz und Charme erleben möchte, sollte gelegentlich einen Abstecher zum Curry 36 machen.

Natürlich hat die Erfinderin der Currywurstsauce, Herta Heuwer, in Berlin längst eine eigene Currywurst-Gedenktafel erhalten. Man findet sie an der Ecke Kantstraße / Kaiser-Friedrich-Straße. Darauf steht:

»Hier befand sich der Imbiss-Stand, in dem am 4. September 1949 Herta Heuwer (30. Juni 1913 in Königsberg–3. Juli 1999 in Berlin) die pikante Cillup®-Sauce für die inzwischen weltweit berühmte Currywurst erfand. Ihre Idee ist Tradition und ewiger Genuss!«

Die Berlinerin Herta Heuwer hat sich ihre Erfindung seinerzeit zwar patentieren lassen, sie zu Lebzeiten allerdings niemandem verraten und sie dann schließlich mit ins Grab genommen. Deshalb wird die berühmte Currywurst heute stadtweit in diversen geschmacklichen Versionen oder gar obszön teuren Varianten zur Verköstigung angeboten. Äußerst luxuriös kommt die Luxuscurrywurst zum Beispiel in einem Dreiundzwanzig-Karat-Blattgold-Kleid daher, die Tomatensauce mit einem Hauch Quitte verfeinert, gereicht mit einem feinen hauseigenen Sekt mit kleinen Goldflöckchen.

Die Ostvariante der Currywurst heißt *Ketwurst* und wird in den östlichen Berliner Bezirken konsequent weiter so benannt. Bis heute wundere ich mich übrigens darüber, wieso die einstigen DDR-Wortschmieden, die sich angeblich westlichen, zumal amerikanisch geprägten Begriffen wie Breakdancer und Hamburger standhaft verweigerten und skurrile, zwanghaft Deutsch klingende Neuwortschöpfungen wie »akrobatischer Volkstänzer« (für Breakdancer) schufen, bei zwei Nahrungsmitteln, für die es bereits deutsche Bezeichnungen gab, ausgerechnet englische Begriffe benutzten. So wurde aus einem schlichten Saft in der DDR devot amerikanesk ein Juice und aus einem Brathähnchen baute man sich den aus dem Englischen stammenden und eigentlich falschen Begriff *Broiler* (von to broil für wasserdämpfen). Zumindest ihre Fast-Food-Hamburger nannte die DDR sehr kreativ und hübsch *Grilletta*. Für die kommunistische Variante des Hotdog ebenso wie für alle Variationen der Currywurst benutzte man in der DDR den Begriff *Ketwurst*, was zwar kulinarisch nicht unbedingt sexy klingt, aber aus ostalgischen Gründen bis heute in Berlin gerne beibehalten wurde.

Neben Spaniern, Russen, Holländern und Skandinaviern sieht man an den Berliner Straßenküchen neuerdings vermehrt auch die neuen Reiseweltmeister, die Chinesen, die diese Art des Essens im Vorbeigehen in ihrem Land ja zur Perfektion gebracht haben. Aber auch in anderen Lokalitäten, die es in die einschlägigen chinesischen Reiseführer geschafft haben, wie das Gourmetrestaurant VAU oder das Szenelokal Kater Holzig sieht man immer häufiger Chinesen, die ja über einen sehr verwöhnten Gaumen verfügen sollen.

Umso überraschter war ich allerdings, als ich eine große Reisegruppe aus China an einem Ort gesehen habe, den man in seiner XXL-Ausprägung eher in den USA vermuten würde.

Berlin kann eben kulinarisch auch unersättlich sein. Es gibt neuerdings in Berlin diese unsägliche Errungenschaft der Oversized-Menüs. Lag der Trend lange Zeit auf günstigen, aber anständigen Portionen, die in der Hauptstadt niemals in Richtung Bonsaigröße verkümmern konnten, gibt es nun Gerichte, die sich in ihrem Volumen kaum mehr überschauen lassen. Zum Beispiel, ich zitiere hier die Werbung: XXXXXXL Mega Hamburger. Zwei Kilogramm Fleisch inklusive diverser Beilagen in Maxigröße. Zynisch wirbt man in diesen Restaurants mit XXXL-Menüs, die schön schlank und dennoch satt machen sollen. Die XXXL Brandenburger Landente allerdings ist ein ganzer Vogel mit einem Gewicht von 2,2 Kilogramm. Wer wird bei einem solchen Menü schlank? Ein Restaurant, das wie ein schlechter Raumschiffwitz über eine Tempelhofer Straße ragt und eine XXX-Logik, die ein wahrer Berliner Genießer eigentlich nicht nachvollziehen kann. Eine Currywurst, die einen Meter lang ist. Wer braucht so etwas? Unter Jugendlichen gibt es bereits Wettkämpfe, wer am meisten dieser Monsterwürste vertilgen kann. Und in der U-Bahn sieht man adipöse Männer, die selbstbewusst Sticker mit der Aufschrift »Nichts für XXL-Weicheier« tragen. Allerdings wird Berlin auf diese Weise seinem Ruf gerecht, eine enorm ausgedehnte Stadt zu sein.

Selbst wer sich wie ich einem liebevollen Blick auf die Stadt Berlin verschrieben hat, kommt nicht daran vorbei, eine gewisse Raubeinigkeit in manchen Lebenslagen zu konstatieren. So sieht sich die Dienstleistungsbranche in Berlin beispielsweise weniger in einer dienenden, als allenfalls in einer aushelfenden Rolle. Wenn es denn sein muss. Die Stimmlage des Personals kann aus diesem Grund in Berliner Restaurants durchaus in einen rustikalen Bärenbass verrutschen. Grummelnde und grantige Servicekräfte gehören in der deutschen Hauptstadt traditionellerweise dazu. Legendär waren die unfreundlichen Kellner im Café Einstein an der Kurfürstenstraße. Japanische Touristen sollen irgendwann tief enttäuscht gewesen sein, als das Personal des Cafés auf freundlich getrimmt wurde und ihre Bestellungen nicht mehr in der Tonlage eines Zuchtmeisters aufgenommen wurden. Da ich selbst einen freundlichen Umgangston in einem Restaurant durchaus zu schätzen weiß und mein Essen gerne in einem entspannten Umfeld einnehme, gehe ich seit seiner Eröffnung vor mehr als fünfzehn Jahren liebend gerne in ein Restaurant namens Seerose am Mehringdamm. Ich habe diesem persischen Paradies nicht nur wegen der ausgezeichneten vegetarischen Küche die Treue geschworen, sondern vor allem wegen der gut gelaunten Anna und dem stets freundlichen Mohammed, den wir alle nur Mamad nennen. Gemeinsam mit Frank Fechtel, einem Mitglied der Berliner Amateurfotografen, schaue ich mir eine Ausstellung des eigens aus Teheran angereisten Künstlers Siavash Mazloumipour an. Danach sitzen wir noch zu Händel-Klängen bei einer Tasse Espresso im wohnzimmerähnlichen Seerosenraum und bewundern die erstaunliche Metamorphose, die Anna und ihren bildschönen Töchtern Elisa und Aida bei einem sehr aufdringlichen, unfreundlichen Bettler gelingt.

Meine persischen Freunde werfen den Bettler nicht etwa aus ihrem Restaurant hinaus, sondern schenken ihm ein Lächeln und dann sogar noch eine Orange. Der griesgrämige Mann hatte ein solch freundliches Verhalten sichtbar nicht erwartet. Er verneigt sich, lächelt uns schalkhaft an und sagt beim Verlassen des Restaurants, sein Tag sei nun gerettet.

Wer die wachsende Zahl der bettelnden Männer und Frauen Berlins kennt, die teils auf sehr forsche Art Almosen einfordern, ist über eine solche Liebenswürdigkeit im gastronomischen Bereich sehr erstaunt. Hoch lebe die Seerosenmentalität. Obwohl auch ich, ehrlich gesagt, die unfreundlichsten Kellner der Welt im Café Einstein manchmal schon vermisse. Aber Gott sei Dank gibt es in der Gastronomie Berlins anderswo weiterhin und zur Genüge große Talente der heruntergezogenen Mundwinkel und Übellaunigkeit. Denn was wären die Geschichten eines Berliner Autors letztlich ohne mürrische Dienstleister?

Der Prinzessinnengarten

Wo Berlins wilde Träume wuchern

Kennen Sie das Kleine-Welt-Phänomen? Es besagt, jeder Mensch sei mit jedem anderen beliebigen Menschen auf der Welt über eine erstaunlich kleine Anzahl an Bekanntschaftsbeziehungen verbunden. Es braucht demnach selten mehr als sechs Zwischenschritte, um beispielsweise eine Verbindungskette von Ihnen zum Papst herzustellen. Für die Stadt Berlin gibt es eine abgewandelte Fassung des Kleine-Welt-Phänomens. In Berlin braucht es meist nur zwei Schritte im persönlichen Netzwerk, bis man an einen Berliner oder eine Berlinerin gerät, die einen Schrebergarten haben. Ich kenne mittlerweile fünf Paare (ja es sind ausnahmslos Paare), die nicht nur an Frühlings- und Sommerwochenenden in ihrer Laube mehr oder weniger friedlich im Rahmen dessen, was ihnen das Bundeskleingartengesetz erlaubt, vor sich hin gärtnern. Eine der erstaunlichsten Kleingartenkolonien befindet sich übrigens direkt zwischen dem Schnittpunkt der Stadtautobahnen unweit des Hohenzollerndamms. Die Siedlung, in der Tanja, Thomas und Terry ihr Paradies samt Baumhaus pflegen, liegt nur fünf Minuten von den Autobahnen entfernt und dennoch hört man kaum einen Laut. Auch das ist Berlin. Ein akustisches Phänomen.

Doch Berlin wäre nicht Berlin, wenn es nicht

auch eine militantere Variante dieser Lebensform gäbe, die weit darüber hinausgeht, mit dem Nachbarn Gartentricks für Rosen oder eine Heckenschere auszutauschen.

Keine Ahnung, wann ich zum ersten Mal den Begriff Guerilla Gardening gehört habe. Was sollte das sein? Eine Gruppe militanter Gärtner? Nachforschungen in Berlin ließen mich lange im Glauben, es handle sich bei dieser Bewegung um Gruppen von mit grünen Gesichtsmasken vermummten Männern und Frauen. Ihr Überdruss am Grau der Städte trieb sie wahrscheinlich dazu, sich vorwiegend im Schutz der Dämmerung, mit Pflanzkellen, Setzlingen und Spaten bewaffnet, über städtische Verkehrsinseln und Seitenstreifen herzumachen, um diese dann zwangszubegrünen. Eine besondere Art der städtischen Kriegsführung, die sich von den romantischen Vorstellungen vieler Landlustler verabschiedet hatte und sich nicht mehr damit zufriedengeben wollte, am jährlichen Schneemannbauen für den Weltfrieden und gegen den Klimawandel auf dem Helmholtzplatz im Viertel Prenzlauer Berg teilzunehmen.

Bisher war der Mensch vom Wunsch beseelt, die Natur zu bezwingen. Die Berliner Anhänger des Guerilla Gardening jedoch schienen die Stadt bezwingen und zwangsnaturalisieren zu wollen. »Über dem Pflaster wächst der Garten« heißt denn auch das Motto des Urban Gardening Projekts namens Prinzessinnengarten. Von Guerilla Gardening, so der Initiator Robert Shaw, kann bei diesem kollektiven Gärtnern im Herzen Berlins allerdings keine Rede sein, wie ja auch der romantische Name nahelegt. Dabei hat Roberts Projekt mit romantischen Vorstellungen allerdings wenig zu tun. Es handelt sich beim Prinzessinnengarten eher um eine Art Labor für neue, wilde und gezähmte Formen städtischen Gemeinschaftslebens.

Ausgerechnet am Moritzplatz, einem städtischen Transitraum, wuchern die wilden Gartenträume? Der Prinzessinnengarten ist ein ehemals vergessener Ort. Auf einem vom letzten Krieg verwüsteten, fußballgroßen Feld, unweit der einstigen Berliner Mauer, einer sogenannten Bombenbrache in Berlin-Kreuzberg, sprießen hier die Träume und Pflanzen. Als ich Robert Shaw, den Initiator dieses kleinen Paradieses, zum ersten Mal treffe, ist gerade ein Fernsehteam von *ARTE* da. Die Medien stürzen sich auf dieses Projekt, vielleicht als einen letzten Hoffnungsschimmer, eine vermeintliche Stadt-Idylle, eine Oase erbaut inmitten eines Transit-Albtraums samt Pflasterstrand. Denn gleich nebenan rauscht der viel befahrene Kreisverkehr.

Doch hinter einem Zaun verlangsamen sich dann die Schritte der Menschen recht schnell. Man öffnet staunend den Mund. Die Großstadtnasen versuchen sich an hier sprießendem Liebstöckel, Ackersenf, Pimpinellen, Sauerampfer, Pastinaken und Mairübchen. Wer keine Lust aufs kollektive Gärtnern hat, setzt sich ins Café und beobachtet die Szenerie. Ein riesiger Bienenschwarm hat die grüne Insel zu seinem Zielgebiet erklärt. Eine Schulklasse schleicht andächtig zwischen den in Reissäcken wachsenden Kartoffelsorten. Manche der Kinder sehen zum ersten Mal richtigen Löwenzahn und echte Kornblumen.

Wer etwas Kapuzinerkresse oder Borretsch für seine Küche braucht, kommt auf einen Sprung vorbei, eine Tafel verweist auf die Pflanzen, die zum Selberernten freigegeben sind.

Ich setze mich mit Robert hinter einem Wäldchen aus Scheinakazien an eine Gartenbar, die aus einem ausgedienten und umgebauten Überseecontainer besteht, und schlemme Wirsingrouladen mit Kürbis-Karotten-Füllung. Alle Gerichte bestehen ausschließlich aus frisch im Garten geernteten Zutaten. Robert erklärt mir die Funktionsweise des von der Stadt Berlin gemieteten Projekts und betont, dass dies kein Ort sein soll, um vor der Hektik der Großstadt zu flüchten. Denn der Garten hat sich ja bewusst das Herz der Stadt gewählt, um mit ihr in Austausch zu treten. Ein gemeinnütziges Unternehmen namens Nomadisch Grün erwirtschaftet durch Workshops, das Gartencafé, den Verkauf von Gemüse, durch Führungen, Vorträge oder sogenannte Gartenpartnerschaften Geld. Grüne Phänomene, die so verschiedene Namen tragen wie Guerilla Gardening, Urban Gardening, Community Gardens oder City Farms finden mittlerweile in den verschiedensten Städten der Welt statt. Es geht darum, neue Konzepte jenseits der üblichen Vor- und Schrebergärten zu entwickeln. Der Gemeinschaftsgedanke und die Eigeninitiative zählen. Der urbane Garten zeigt, wie man städtische Räume ökologisch umgestalten kann.

Der ehemalige Filmemacher Robert Shaw hat das gemeinschaftliche Gärtnern auf Kuba entdeckt, in Santa Clara, wo Nachbarn gemeinschaftlich Gemüse anbauten. Er bezeichnet sich als Dilettanten, als jemanden, der sein urbanes Gärtnern zu einer Herzensangelegenheit gemacht hat. Der Garten, so Shaw, sollte anfangs ihn und seine Freunde nicht nur ernähren, sondern darüber hinaus auch Einkommen zum Leben erwirtschaften, dabei aber nicht allein der Pflanzenproduktion dienen, sich also nur an Erträgen messen, weil man in der Stadt auf so kleiner Fläche niemals mit landwirtschaftlichen Betrieben draußen konkurrieren könnte. Sechs Monate hatten er und seine Freunde für die Vorbereitung des Gartens benötigt. Die Suche mit dem Fahrrad hatte sie in Berlin an Bombenlücken, ausgedienten Bahnhöfen, verlassenen Schulgebäuden und Schlachthöfen und Brachen am Mauerstreifen vorbeigeführt, bis der Bezirksbürgermeister sie auf eine Fläche am Moritzplatz hinwies.

Gemeinschaftsgärtnern hat in Kreuzberg-Friedrichshain Tradition. Es gibt den Rosenduftgarten am Gleisdreieck, der von Frauen aufgebaut wurde, die vor dem Bürgerkrieg auf dem Balkan nach Berlin geflohen waren. Bereits in den achtziger Jahren wurde hier von Müttern ein erster Kinderbauernhof geschaffen, ein Gemeinschaftsgarten namens Rosa Rose und einer, der sich Ton Steine Gärten nennt und in dem Saatgutbörsen und gemeinsame Feiern stattfinden.

Im Mai 2009 stiegen Robert und sein Freund, einen Mietvertrag in der Tasche, durch ein Loch zum ersten Mal auf die Brachfläche des heutigen Prinzessinnengartens ein. Ein Schlüssel war nach all den nutzungslosen Jahren nicht zu finden. Obwohl das Grundstück mitten in der Stadt liegt, war es ein vergessener Ort geworden, der allenfalls von

Hundebesitzern und Junkies aufgesucht wurde und völlig zugemüllt war. Über hundertfünfzig Berliner hatten sich unter dem Motto »Über dem Pflaster wächst der Garten« zusammengeschlossen, um den Raum zu reinigen, zwei Tonnen Müll wegzuschaffen und die dornenbewehrten Robinien zu entfernen.

Im Laufe der Jahre entwickelten die Macher des Prinzessinnengartens mobile Beetsysteme aus Europaletten, aus Reissäcken, Bäckerkisten und Containern, in denen die Pflänzchen sprießen konnten, und erschlossen so in Berlin Flächen, auf denen man eigentlich kein Grün erwartet hatte. Die unzähligen Brachen der Stadt, die Hausdächer, Hinterhöfe, Parkplätze, ja selbst Hausboote auf der Spree profitierten von der kreativen Improvisation, die sich anfangs vor allem auf Pioniervegetation konzentrierte, die viele ältere Berliner von ihren Trümmerpflanzen kennen. Der Prinzessinnengarten kann so nun jederzeit umziehen, ein immenser Vorteil und Bedingung der vermietenden Stadt. »Dem Mangel etwas Lebendiges abgewinnen« wurde zu einem Slogan, der die urbanen Gärtner antrieb. Die Idee der mobilen Beete und des Urban Farming wurde auch von vielen internationalen Besuchern des Prinzessinnengartens aufgegriffen, sagt Robert. So finden sich nun auch auf Brachflächen in Bern und Kopenhagen Nutzpflanzen, auf Hochhausdächern in New York wächst Gemüse und auf einem ausrangierten Bahnhofsgelände in Stockholm wachsen Knollenfenchel, Mangold und Basilikum. Ablegergärten nennt sich das in Berlin. Mittlerweile gibt es acht solcher Ableger, die man als Prinzessinnengärten bezeichnen könnte. Mit dem Gartendeck in Hamburg und der Dombrauerei-Brache in Köln betreibt man weitere Ableger.

Der Prinzessinnengarten in Berlin-Kreuzberg ist ein Ort der Begegnung, des Austauschs und der gemeinsamen Nachbarschaftsarbeit, aber auch ein Ort des Lernens. Wissen, das jahrelang brach in den Köpfen von älteren Berlinern verborgen lag, wurde in den Garten eingebracht. Robert meint, der Garten funktioniere wie Wikipedia, jeder könne sich mit seinem Wissen einbringen und sie seien dann quasi die Pflanzenlektoren, die entscheiden, was in das grüne Buch des Gartens hineinkommt. Kinder und Jugendliche könnten sinnlich erleben, wie aus kleinen Saatkörnern Pflanzen gezogen werden, deren Früchte, Wurzeln, Beeren oder Blätter man, gleich nebenan in der Gartenküche verarbeiten und dann genießen kann. »Man kann hier Geduld, soziale Vielfalt, vor allem aber die Vorteile der Langsamkeit erlernen. Man lernt Sorge zu tragen für etwas Lebendiges, etwas, das in manchen sozialen Milieus Kreuzbergs nicht viel Wert hat. Der urbane Garten ist auch eine Art sozialer Humus.« Der Garten ist ein Ort der Transformation, denn er verändert letztlich all jene, die in ihm arbeiten.

Gleich nebenan rauschen die Autos durch den Kreisverkehr, der Garten, nur einen Steinwurf entfernt, lehrt die Entschleunigung. Robert erzählt von Rachel, einer Guerillagärtnerin und Englischlehrerin, die von der russischen Gartenveteranin Eugenia, noch vor allen anderen Gartenbautipps, ein Wortgeschenk erhalten hat. »Das Wort hieß:

gemach. Wir bauen hier an einer Insel der Gelassenheit, mitten im Trubel der Großstadt.«

Im Gegensatz zu den Akteuren der Agrarindustrie, die meist auf Monokulturen setzen, kümmert sich der Prinzessinnengarten auch um den Erhalt alter, verschollener oder vergessener Kulturpflanzen. »Die Gartenaktivistin Ella van der Haide hat uns von einem Filmdreh über Community-Gärten in Nordamerika alte Maissorten mitgebracht, die bereits in Amerika angebaut wurden, bevor die Wikinger und Kolumbus dorthin kamen.«

Je mehr Lebensmittelskandale und die katastrophalen Folgen eines verschwenderischen Ressourcenverbrauchs durch die Medien rauschen, desto häufiger stehen die Medien im Prinzessinnengarten und fragen nach Lösungen. Die *New York Times*, *ARTE* oder Fernsehteams aus Russland verfolgen mittlerweile die Entwicklung dieser schlichten, aber so hoffnungsvollen Idee.

Heute lassen die ersten Strahlen der Frühlingssonne das frische Grün der Gemüsebeete im Prinzessinnengarten schimmern. Wassertropfen perlen von Topinambur und Rauke. Es ist Pflanzentauschmarkt. Zu Mittag gibt es im kleinen Restaurant des Prinzessinnengartens die Wahl zwischen Onigiri, radieschenfarbenen Reisbällen mit japanischem Omelett, und Ingwer-Bohnen-Salat oder Ravioli mit Rote-Beete-Ricotta-Füllung. Und als Nachtisch halbflüssigen Schokoladenkuchen mit Apfelminze. Willkommen im grünen Nabel der Stadt.

Die Ganze Wahrheit

Meschugge-Partys unterm Davidstern

Alle sind heute Nacht wieder einmal verrückt. Viele Berliner werden gar nicht wissen, dass es zu vorgerückter nächtlicher Stunde auf bestimmten U-Bahn-Linien zu spontanen Partys kommt. Heute Nacht habe ich eine solche Party erlebt. Eine angetrunkene Frau sang in einem heillos überfüllten U-Bahn-Waggon um zwei Uhr nachts eine herzzerreißende Arie. Eine Uhrzeit, zu der die Nachtgänger Berlins noch Kraft zum Singen haben. Mit der Club-Mate-Flasche in der Hand schleichen sie in die U-Bahn, beginnen mit spontanen Tänzen, machen kollektive Stimmübungen und berauschen sich an den kleinsten Albernheiten. Ich bin auf dem Weg zur israelischen Meschugge-Party in der Brunnenstraße in einem der berüchtigten Feier-Waggons gelandet. Eine Champagnerflasche macht die Runde über die Köpfe hinweg, der schiere Duft entflammter Gras-Joints strömt in die Nase. Die BVG hat die Fensterbänke der U-Bahn-Waggons sicherlich aus guten Gründen schräg und nicht als ebene Fläche gestaltet.

Der Eingang des Meschugge-Clubs liegt wie der vieler hipper Berliner Bars und Clubs gut versteckt im Untergrund. Der ultimative Intelligenztest für Nachtwandler. Viele Partygänger feiern und tanzen in der Hauptstadt ganze Nächte hindurch in Clubs, die sie eigentlich gar nicht in der Peilung hatten. Ortsunkundige sollten sich auf der Suche nach guten Clubs in Berlin grundsätzlich eher von ihren Ohren als von ihren Augen leiten lassen. Dazu jedoch müssen sie sich in dunkle Hinterhöfe wagen und auf spärlich blau oder rot beleuchtete Kellertreppen achten. Die Kellertreppe des Meschugge-Clubs hat solchen bunten Firlefanz nicht nötig. Allerdings sollte man es vermeiden, nach der offiziellen Adresse Zur Möbelfabrik zu fragen, das ZMF kennen die wenigsten. Inoffiziell heißt es einfach zwanglos Meschugge-Club, und den kennen die meisten, die in der Nacht an der Rosenthaler Straße aus dem U-Bahn-Schacht krabbeln. Die unverputzten Räume verbreiten den Charme einer improvisierten Studentenkellerparty. Der Stempel an der Abendkasse verheißt eine »Traummeile«. Ein Vorhang gibt heute den Blick durch ein hineingeschnittenes Schlüsselloch auf die winzige Tanzfläche frei. Der Vorhang hat ein Muster aus gelbem Speiseeis. Keine Wunder. Auf der Projektionsleinwand zeigt man heute den Film »Eis am Stiel« – einen der weltweiten Erfolge des frühen israelischen Kinos, bei dem man sich wundert, wie freizügig es einmal in Tel Aviv zuging. Zum Feiern sind auch Gäste aus New York und Stockholm, aus Lissabon und Moskau, vor allem aber aus Wien angereist.

Jüdisches Leben, so Aviv Netter aus Tel Aviv, der DJ und Initiator dieser unkoscheren Partys, ist eben mehr als nur Mahnmal und Klagemauer.

»Das hier ist meine Synagoge, mein Tanz für Gott, meine Form der Spiritualität. Israelis sind auf der Tanzfläche geboren.« Wieso die Meschugge-Party heute erst um 23.59 Uhr anfängt, kann mir niemand sagen. Man wolle, so der durchgeschwitzte Initiator der Meschugge-Partys, einfach unberechenbar sein. Heute wird nicht nur die Technoversion von »Hava Nagila« gespielt – heute verbrüdert man sich mit dem Wiener Kibbuz Club.

»Let's go vintage« heißt das Programm. Die jungen Partygäste verweigern sich jedoch standhaft, wie es sich für wahre Berliner gehört, allen Retro-Look-Aufforderungen. Vorgeschriebene Kleiderordnungen sind in der Partyszene nach wie vor verpönt. Dunkle T-Shirts, Jeans, eine Frau, die sich im braven Sommerkleid hierher verirrt hat. Der Musikmix besteht aus einigen arabesken Elementen, Oriental-Mix-Versionen, aus House und Klezmer. Es gibt Lieder, in denen ein wilder Mix aus Deutsch, Englisch und Hebräisch zu hören ist.

»Wir nehmen uns die schönsten Wörter aus einigen Sprachen, extrahieren sie und fügen sie wieder zu einem hippen Wortcocktail zusammen«, sagt mir der Israeli Daniel Biermann. Seine deutschen Lieblingswörter sind »Dachgeschoss« und »Feierabend«. »Dachgeschoss, das klingt fast Arabisch und Feierabend, das ist eine Kreation, die ich den Deutschen eigentlich gar nicht zugetraut hätte.« Derzeit lernt Daniel, koschere Cocktails zu mixen, denn man weiß ja nie, was beim Jüngsten Gericht von einem verlangt wird. Aviv legt Musik auf, die auf die immer enger stehende Menschengruppe wie ein Elektroschock wirkt. Es zuckt kurz durch die Beine und Körper der Gäste, das Gin-Tonic-Glas und den Prosecco noch kurz abgestellt und in Sicherheit gebracht und die Menge hüpft in wilden Sprüngen.

»Wir lieben es laut und rhythmisch«, sagt Daniel draußen an der frischen Luft zu mir während einer kurzen Tanzpause. »Denn du bist auch bei den traditionellen jüdischen Chanukka- und Purimbällen nicht vor Ohrenschmerzen gefeit.«

Ganz Berlin spielt in dieser warmen Sommernacht verrückt und es tut der Stadt gut, dass die fünfzehntausend Israelis, die heute in Berlin leben, sich gerne in Feierlaune zeigen. Über dem Stehpult des Meschugge-Clubs ist eine Plastikpuppe aufgestellt, an den Wänden hängen Plastikbrüste. Ohne es zu wissen, so Daniel, verwenden die Deutschen Worte wie Zoff, Schlamassel, Stuss und Schmiere. Alles Wendungen aus dem Jiddischen, doch das bekannteste Wort des Berliner Nachtlebens ist meschugge – was man am besten mit voll durchgeknallt übersetzen kann.

Vor dem Meschugge-Club treffe ich diese Nacht noch einen Juden in Feierlaune, und diesmal darf ich Jude sagen, weil Andy Kramer sich selbst so bezeichnet. »Ja, man muss wissen, in Berlin leben zwar fünfzehntausend Israelis, aber nur elftausend gehören einer jüdischen Gemeinde an. Meine jüdischen Freunde lieben die Ekstase. Sie ist Teil ihrer Lebensfreude.« Eines der ersten deutschen Wörter von Andy war »Verzückung«. Andy Kramer arbeitet an Apps, die unsere Synapsengeschwindigkeit erhöhen sollen. Richtig gelesen! Unlock Your Brain heißt die Firma, die unserem Gehirn auf die Sprünge helfen soll. Und auf die Sprünge helfen soll Andy in dieser Nacht eben jenem Meschugge-Club, in dem er gerne feiert und seine Gehirnfunktionen auf motorischem Gebiet schult. »Ganzheitlichkeit erfordert gelegentliche Exzesse«, sagt Andy. Andys Sprechgeschwindigkeit ist auch mitten in der Nacht immer noch im Turbo-Modus. Ich möchte zu gerne wissen, wie schnell er während seiner Arbeit an Zerebraltechniken redet oder denkt. Andy Kramer sprüht nur so vor Ideen. »Hey, du musst unbedingt ins Jüdische Museum gehen. Dort wird gerade eine Ausstellung gezeigt, in der sich ein ›Jude in der Kiste‹ einer Befragung ausliefert. Du kannst den Juden alles fragen, wirklich alles. Mach das. Es wird dir gefallen.«

Bereits am nächsten Tag mache ich mich auf den Weg ins Jüdische Museum in der Lindenstraße. Als ich ins Museum komme und nach einer Installation »Jude im Kasten« fragte, fängt man an der Information an zu schmunzeln. »Wir haben gerade eine Ausstellung, die sich ›Die Ganze Wahrheit‹ nennt. Dabei gibt es auch eine Art Sitzvitrine, in der sich heute ein jüdischer Student allen Ihren Fragen stellt. Sie dürfen ihn wirklich alles fragen. Aber bitte nennen Sie die Veranstaltung nicht ›Jew in the Box‹, auch wenn sie inzwischen von vielen hier in Berlin so genannt wird.«

Gerne. Ich verspreche dem sehr engagierten Museumsbediensteten, in meiner Geschichte zum jüdischen Berlin diesbezüglich für eine korrekte Benennung zu sorgen, muss ihm aber vorher noch einen jüdischen Witz erzählen, um die Stimmung etwas aufzulockern.

»Geht ein junger Mann zum Rabbi und fragt ihn: Wie soll ich verhüten?«

»Der Rabbi sagt: Indem du ein Glas Wasser trinkst!«

»Vorher oder nachher?«

»Anstatt«, fällt mir der Mann an der Information im jüdischen Museum mit todernster Miene ins Wort.

»Das ist ein jüdischer Witz mit sooo einem langen Bart.«

Bravo. Der Mann an der Information ist für seine Tätigkeit wirklich bestens geeignet. Also dann auf zur Ausstellung »Die ganze Wahrheit«, die sich, wie ich bald sehen werde, über mehrere Stockwerke erstreckt. In einem Raum sehe ich kleine, fliegende Kippas. Die runden Kopfbedeckungen männlicher Juden schweben an Schnüren im Raum herum und sehen aus wie winzige Untertassen. Neben Hippie-Motiven ist auf einer Kippa das bunte Google-Logo zu sehen. Auf einer anderen Kippa steht der Spruch: »Don't worry, be jewish.«

An einer Wand der Ausstellung entdecke ich einen wunderbaren Spruch von David Ben Gurion: »Für mich gilt jeder als Jude, der meschugge genug ist, sich selbst einen zu nennen.«

Als ich auf meinem Rundgang endlich zur Vitrine komme, in der ein jüdischer Student all meine Fragen beantworten wird, wandert mein Blick kurz zu einem Zitat, das an der Wand direkt neben der Vitrine zu lesen ist. Ein Zitat, das aufzeigt, wie man wahrscheinlich auf die schöne Idee gekommen ist, einen auskunftsfreudigen Juden in eine Vitrine zu setzen.

Der Journalist und Theaterregisseur Richard Chaim Schneider hatte kurz nach der Eröffnung des Jüdischen Museums 2001 gesagt, was nun dort zu lesen ist:

»Ich bin ein lebendiges Ausstellungsstück. Leute, die in meiner Person zum ersten Mal in ihrem Leben einem Juden begegnen, reagieren oft irritiert. Denn selten werde ich ihren Erwartungen gerecht, und ihr Blick auf mich ändert sich schlagartig. Plötzlich werde ich betrachtet wie in einer Vitrine, wie ein seltenes Exemplar unter Glas, das man eigentlich nicht kennt, aber zu kennen glaubt.«

Der jüdische Student, der den Besuchern an meinem Besuchstag ihre Fragen beantwortet, heißt Ido Porat. In seinem Leben außerhalb der Vitrine ist er als Fremdenführer und Hebräischlehrer tätig. Zu den merkwürdigsten Fragen, die ihm bisher im Jüdischen Museum gestellt wurden, zählt die Frage eines amerikanischen Touristen, ob es heute in Deutschland überhaupt noch Juden gäbe. Was Ido Porat bejahte. Auch wurde von Jugendlichen gefragt, ob man denn Witze über den Holocaust machen dürfe. Was Ido Porat verneinte. Während ich bei ihm an der Vitrine zu Besuch bin, fragt ein Engländer ihn unter anderem, warum man nur Steine und keine Blumen auf ein jüdisches Grab legen dürfe. Idos Antwort kommt prompt: Auf einem jüdischen Friedhof müsse alles tot sein, somit dürften auch keine Bäume, Tiere oder Blumen auf dem Friedhof vorhanden sein. Ein jüdischer Psychotherapeut aus Chicago namens Larry Stoler, der zufällig auch an der Vitrine steht, sagt spontan: »Nur leider wissen die Würmer auf einem jüdischen Friedhof überhaupt nicht, was im Talmud steht und wie die Gesetze lauten.« Eine Schande sei das. Seine Frau Amy schmunzelt. Von Ido Porat erfuhr ich weiter, dass koscheres Essen durchaus künstliche, chemische Stoffe enthalten dürfe, solange sie nicht eigens in den alten Schriften verboten seien, was aber unwahrscheinlich sei.

Ido Porat hat Humor, keine Frage. Seine Antworten sind klar und verständlich. Auch wenn er aus dem Stegreif keinen einzigen jüdischen Witz kennt. Mein Vater, der in Tschernowitz geboren wurde, hat mir leider auch keine jüdischen Witze erzählt. Er hat mir nur vom Tausendsassa Großvater Valentin erzählt, der darüber gestaunt habe, dass der Straßenfeger in Tschernowitz fünf Sprachen fließend konnte. Zitat Valentin Remus: »Was hätte der als Übersetzer ein Geld in einer europäischen Behörde verdienen können.«

Jüdische Witze können sehr pragmatisch, aber auch überaus komisch sein. Die Frage, die ich mir im Jüdischen Museum stelle, ist die nach einem eigenen jüdischen Humor, der sich in Berlin entwickelt hat. Zumindest was den Humor der Juden in Chicago betrifft, weiß ich bald etwas mehr. Amy, die Frau von Larry Stoler, dem Psychotherapeuten, erzählt mir folgenden Witz, wobei sie wirklich großes schauspielerisches Talent an den Tag legt.

»Ein fünfundachtzigjähriger Jude in Chicago bekommt als Geburtstagspräsent von seinen betagten Freunden ein ganz besonderes Geschenk. Während der Party klingelt es an der Tür. Das Geburtstagskind wackelt mit Gehstock zur Tür und öffnet. Draußen steht eine wunderschöne Prostituierte, die gekonnt ihren Mantel abstreift, halb nackt beide Arme in die Luft streckt und SUPER-SEX schreit. Der Alte, etwas schwerhörig, schaut sie kurz an und sagt: ›Soup or Sex? Hmm. Kann ich da bitte die Suppe nehmen?‹«

In Berlin bin ich auf meinen Exkursionen durch die jüdische und israelische Kultur der Stadt immer wieder einem sehr ausgeprägten Alltagshumor begegnet. Wie gesagt beleben über fünfzehntausend Israelis die Stadt inzwischen in allen Lebensbereichen. Die etwa elftausend Juden teilen sich allerdings in zahlreiche jüdische Richtungen auf. Es gibt die streng Orthodoxen und diejenigen, die keine Frauen in der Synagoge wünschen.

»Jüdisch sein bedeutet für mich, wenn mir unsere Musik in die Beine schießt und meine Finger im Takt auf den Tisch trommeln. Wir haben die Musik im Blut und freuen uns über jeden, der sie hier mit uns teilt. Am meisten freue ich mich, wenn meine arabischen Freunde hierher finden. Lasst uns endlich feiern«, sagt mir mein israelischer Stadtführer Daniel Biermann.

Die Jiddisch- und Hebräischkurse in Berlin erleben einen Zulauf wie noch nie. Meschugge ist in. Vor Jahren habe ich in Goa gesehen, wie ausgelassen israelische Männer und Frauen feiern und tanzen können. Viele der jungen Kerle feierten am Strand das Ende ihres Militärdiensts. Ein für sie völlig neues Leben. Und in Berlin ist es für viele das Gleiche. Und es beginnt jetzt. Hier. Heute.

Jüdisches Leben verschmilzt in Berlin immer mehr mit der Stadt. Die koschere Küche erlebt einen Höhenflug. Ich gehe in eine ehemalige jüdische Mädchenschule in der Augustenstraße. Im

The Kosher Classroom kombiniert man koschere Gerichte der jüdischen Küche mit mediterranen Zutaten. Es gibt koschere Weinproben, koschere Kochkurse und, in Berlin besonders beliebt, koschere Cocktailschulungen.

Ich gehe mit meinem Stadtführer und Freizeit-Poeten Daniel Biermann ins Jüdische Theater Bimah, das Dan Lahav im Admiralspalast in der Friedrichstraße betreibt. Daniel erzählt, dass es viele junge Israelis ganz ähnlich nach Berlin verschlagen hat: »Es geht mir wie dem Schauspieler, Pantomimen und Theatermacher Dan Lahav. Eigentlich wollte er nur eine Woche in Berlin bleiben, daraus sind dann fünfunddreißig Jahre geworden. Ich kam aus Tel Aviv und wollte nur ein Wochenende in Berlin mit Freunden feiern. Daraus wurden bei mir immerhin bereits drei Jahre. Berlin fesselt mich. Viele meiner Freunde wollen das Land ihrer Väter und Großväter kennenlernen und Berlin ist der ideale Ort dafür. Es gibt für uns Israelis keinen besseren Ort, um unsere Jugend zu genießen und zu feiern. Wien ist sehr schön, aber zu zahm. Berlin hat genau das richtige Temperament, um sich das Herz wund zu tanzen. Und genügend Natur, um die Seele darin zu ertränken.«

Während wir den berühmten israelischen Salatteller des Bimah probieren, erzählt mir Daniel, wie Dan Lahav am Anfang seiner künstlerischen Laufbahn in Berlin als Baum Karriere machte.

»Er hatte sich am Schillertheater beworben und als Pantomime die tragende Rolle eines Baumes in Goethes »Faust« bekommen. Als er sich ganz und gar in sein Baumsein versenkt hatte, stellte er fest, dass die anderen Bäume die Bühne auf mysteriöse Weise bereits längst verlassen hatten. Am nächsten Tag stand in der Zeitung: ›Mitten im Monolog von ›Faust‹ geht ein Baum spazieren.‹ Nun ja, Lahav hat ja trotzdem in Berlin eine große Karriere gemacht. Viele Israelis kennen ihn noch aus der Kindheit.«

Daniel und ich sehen uns im Theater Bimah Ephraim Kishons Humoresken an. Ein großer Mann des israelischen Humors, der mich schon lange begleitet.

Mein Wiener Verleger Alexander Potyka hatte mich mit genügend Stoff aus dem Verlag versorgt, der mich auf meinen diversen Exkursionen durch die jüdischen »Vergnügungsviertel« Berlins begleitete. Vor allem die Sammlungen der Wiener Autorin und Psychotherapeutin Elisabeth Jupiter haben es mir angetan. Mein Lieblingswitz aus ihrem Buch »Mach Witze! Der jüdische Humor als Quelle der Toleranz« geht so:

»Vor dem Eingang zu einem Bordell kopulieren zwei Hunde so wild, dass sie in den offenen Kellerschacht stürzen. Der kleine Moische, der das beobachtet hat, läutet an und sagt zur Puffmutter: ›Tante Hur, Ihre Reklame ist in den Keller gefallen.‹«

Eine ganz eigene Berliner Ausprägung des jüdischen Humors erlebte ich im Jüdischen Museum, zu dem ich noch mehrmals zur Ausstellung »Die Ganze Wahrheit« zurückgekehrt bin.

In einem Raum wird der Besucher mit Behauptungen über Juden konfrontiert, die wahrscheinlich zu den größten Stereotypen gehören, die man sich über Juden überhaupt ausdenken kann. Der Besucher kann dort anhand kleiner Plastikchips, die er in die entsprechende Box wirft, entscheiden, ob er Juden für besonders geschäftstüchtig, tierlieb, einflussreich oder intelligent hält. Die Menge der Chips in den durchsichtigen Gefäßen gibt anhand der jeweils erreichten verschiedenen Pegelstände an, welche Eigenschaft die Besucher »den Juden« am ehesten zuschreiben. So halten extrem viele Besucher Juden für besonders intelligent. Eine letzte Box enthält die weitaus meisten Chips und den allerhöchsten Pegelstand. Es ist die Box, die anzeigt, wie schön die Besucher die Juden finden.

Ich war einige Male auf meinem Gang durch die Ausstellung in diesem Raum der Bewertungen. Einmal blieb ich eine Weile verdutzt dort stehen und sah, wie ein kleiner Junge von seinem Vater oder Onkel anscheinend einen Auftrag bekam. Der Junge ging daraufhin zu dem Gefäß mit den bunten Plastikbewertungschips, während sein Verwandter ihm aus der Ferne aufmunternd zunickte. Der Junge griff mit beiden Händen in das Gefäß und steckte eine sehr große Zahl von Bewertungschips alle in das Gefäß, über dem die Frage stand: Sind Juden besonders schön?

Wieso um alles in der Welt hatte keiner im Jüdischen Museum eine Bewertungsbox für den Humor der Juden aufgestellt? Ich hätte da liebend gerne ein paar Chips hineingeworfen.

Hejo in Kreuzkölln

Brasilianische Träume und der Karneval der Kulturen

»Nenn mich Wesa«, sagt die spindeldürre Gestalt im plüschigen lila Ballkleid zu mir. »Meinen richtigen Namen möchte ich weder in einem Artikel noch in einem Buch lesen, weil ich illegal hier in Neukölln lebe. Wir Brasilianer geben uns sowieso gerne kunstvolle Namen. Ich könnte mich ganz offiziell auch Schnappschuss nennen, weil wir Brasilianer uns jeden Vornamen nehmen dürfen, der als Wort irgendwann einmal gedruckt war. Da kommen hier in Berlin ganz lustige Namen zusammen.«

Wesa hat sich nach der Weserstraße im Berliner Szenekiez Neukölln benannt, auch wenn man sie nun öfters auch im Wrangelkiez findet. »Weser konnte ich nie richtig aussprechen, so wurde ich eben zu Wesa. Das kann man herrlich nasaliert Brasilianisch aussprechen. Aber morgen heiße ich vielleicht schon ganz anders. Diesen Namen gebe ich mir nur für dich, mein Schatz.« Das stimmt natürlich nicht, ist aber nett gemeint. Wesa ist nur im Frühling Wesa. Sie sucht einen anderen, einen besseren Künstlernamen. Die Namen und Kieze wechselt die Transsexuelle so oft wie ihre Kleider und wie ihre Liebhaber und Gönner. Auf die Frage, warum sie sich ausgerechnet den einstigen Schmuddelbezirk Neukölln ausgesucht habe, sagt

Wesa, Neukölln sei schrill, bunt, verrückt, vor allem aber billig. »Mehr kann ich mir derzeit einfach nicht leisten. Neukölln passt genau zu meinem Geldbeutel. Auch farblich, guck hier.«

Wesa zeigt mir ein paillettengeschmücktes Klapptäschchen in schrillem Türkis. In Berlin könne sie ein Jahr von dem Geldbetrag leben, den sie in Paris oder London in einem Monat brauchte. Berlin, so Wesa, sei eben eine ausgesprochen billige Schlampe.

»Eine, die sich morgens ziemlich lange vor den Spiegel stellen muss. Eine, die am Anfang des Tages eine Totalrenovierung braucht, damit man ihr die Spuren der Nacht nicht mehr ansieht.«

Während Wesa ihr Gesicht sorgfältig vor einem kleinen Handspiegel nach kleinen Unreinheiten absucht und sich die Nase pudert, merkt sie noch an, welch mühevolle Retusche das jeden Tag für diese Schlampe Berlin sei, sich immer wieder gut in Schuss zu bringen. Doch irgendwie habe ich den Verdacht, Wesas Lamentieren bezieht sich vor allem auf ihren eigenen Körper. Leider verändere sich auch der Weserkiez rapide, sagt sie. Wo früher Bordelle ihre kleinen roten Laternchen in die Nacht gestreckt hätten, gebe es heute schicke Galerien mit Kunst und Prosecco. Wesa hat recht. Mein Bezirk Neukölln, in dem ich selber jahrelang wohnte, verändert sich rasant. Rauchige Eckkneipen mit vergilbten Vorhängen verwandeln sich in trendige Bioeisdielen.

Modeateliers, Vegi-Cafés und Coiffeure schießen wie Pilze aus dem Boden. Wesa träumt davon, ein Kosmetikstudio zu eröffnen, ein Bildschön-Studio, wie sie es nennt, gerne auch ein Waxing Studio, ein Studio, in dem die Damen und Herren und alle anderen weitaus mehr bekommen können als Brazilian Waxing, die brasilianische Art der Epilation im Intimbereich. Aber ohne legale Papiere dürfte das für Wesa sehr schwierig werden, auch wenn sie viele brasilianische Freundinnen und Freunde hat, die in Berlin im Schönheitsgewerbe arbeiten. Wesa ist frustriert.

»Weißt du, Schönheit ist für uns Brasilianer das schönste Investment. Doch ich darf hier in Berlin noch nicht einmal ein Fingernägel-Lädchen betreiben. Vom Sugaring, meiner schönen Kunst, die kleinen Härchen mit Zucker zu entfernen, kann ich also nur träumen.«

Neukölln ist ein ideales Auffangbecken für gestrandete Kreative und durchgeknallte Träumerinnen wie Wesa geworden. Selbst die Okerstraße, in der ich lange Jahre meinen schönen Dachterrassen-Balkon gepflegt habe, hat sich verändert. Zuerst einmal fliegen natürlich keine Flugzeuge mehr in einer Höhe über die Terrasse, als könnte man einen Blumentopf nach ihnen werfen. Das Bermudadreieck zwischen Okerstraße, Friedelstraße und Maybachufer verwandelt sich tagtäglich von einer grauen Kiezmaus in einen Ort, an dem man plötzlich zu Performances geht, zu Lesungen, zu Ausstellungen, ins Kellertheater, in die Bar oder zum Jazz – und das alles auch liebend gerne bis in den frühen Morgen, um sich die Müdigkeit dann, am frühen Morgen, im Wind des Tempelhofer Feldes aus den Beinen zu tanzen. Selbst um die Ecke, im Schnellkochtopf des Reuter- und Rollbergkiezes, brodelt eine aufregende, delikate neue Mischung. Ausgerechnet in Neukölln kocht die international interessanteste Kultursuppe. Ein aufstrebender Bezirk mit Migrationsvordergrund.

Heinz Buschkowsky, der Bezirksbürgermeister dieses Stadtteils, hat ein Buch mit dem Titel »Neukölln ist überall« geschrieben. Zugespitzt und provokant soll das klingen. Doch es stimmt natürlich nicht. Neukölln existiert nicht überall, Neukölln existiert nur hier. Nirgendwo sonst. Ein Bezirk mit vielen markanten Berührungspunkten. Einer davon, die Grenze zu Kreuzberg, wird bereits als gemeinsame Schnittmenge eines wachsenden neuen Szeneviertels gesehen, das die Einheimischen als Kreuzkölln bezeichnen. Mischkulturen, Markttreiben und Musikexzesse am berühmten Flowmarkt am Maybachufer. Eine permanente Herausforderung für die Sinne. Olfaktorische, große Geheimnisse hütende Madeleines meiner Jugend. Katalysator der Träume einer einst schlafenden, schuftenden Generation. Die Café-Kultur mit ihren motorisch geschickten Baristas ist hier jetzt ebenso Schrittmacher wie einst drüben am Prenzlauer Berg, im Friedrichshain und in Kreuzberg. Röstaromen vermischen sich abends im Weserkiez mit Cannabiswolken, dem Geruch der Gemüseläden, dem Geruch von gebratenem Fleisch und von aromatisiertem Minztabak, der aus den glühenden Kohlestücken der Wasserpfeifen schwebt. Die Nase, die Augen, die Ohren, die Geschmacksknospen – sie alle kommen bei dem Tanz, dem Duft und Zinnober, den der Kiez hier während der lichtdurchfluteten Jahreszeiten veranstaltet und entfaltet, auf ihre Kosten.

Besonders bunt und laut und schrill wird es im Mai. Die Brasilianerin Wesa erwacht wie jedes Jahr in diesem Monat und schält sich aus den dicken Kleiderschichten. Sie läuft zu hoher Form auf, wenn der Nachbarbezirk Kreuzberg in wilde Sambarhythmen getaucht wird. Wenn ihre Freundinnen Bruna und Vitória sich mit ihr in die türkisfarbenen hautengen Kleider schmeißen, sich Haarreifen mit buntem Federschmuck überstreifen und ihre Hüften beim Karneval der Kulturen rotieren lassen.

In Berlin, der Stadt, die einst zur Love Parade aufspielte und in der die Raver von den Lovemobilen, den Liebesnestern auf Rädern, einen ohrenbetäubenden elektronischen Klangteppich durch die Straßenschluchten schickten und über den Tiergarten legten, wird heute wieder ehrlicher Sound mit den Händen gemacht. Trommelstöcke wirbeln durch die Luft. Über viertausend Akteure tanzen beim Karneval zu Pfingsten durch Kreuzberg. Ein Bezirk inszeniert sich selbst und Wesa in ihrem heißen Kleid, das an den Karneval an der Copacabana erinnert, ist mittendrin.

Im Café do Brasil in Kreuzberg erzählt sie mir von ihren langjährigen Berliner Karnevalserfahrungen. »Weißt du, ich war einmal tatsächlich mit einem Berliner zusammen, der in einem traditionellen Karnevalsverein Mitglied war. Aber wenn die Berliner etwas noch weniger können als Flughäfen und Bahnhöfe bauen, dann ist es Karneval feiern. Ich meine klassischen Karneval wie in Köln oder gar bei uns in Rio.«

Stimmt. Im tristen Februar quält sich tatsächlich alljährlich ein Zug standhafter Berliner Narren, würdevoll karnevalistisch mit Dreispitz und Federbesatz ausgestattet, durch die gutbürgerliche Kudammgegend. Junge Mädchen schwingen in der Kälte tapfer und zackig die nackten Beine zu einer Art preußischem Cancan. Und während der Narrenruf der Berliner Karnevalisten, dieses muntere *Hejo,* erklingt, das als Abkürzung aus den Wörtern Heiterkeit und Jokus gebildet wurde, sehnt man sich schnell die Erlösung vom Fleische herbei. Carne vale – Fleisch lebe wohl. Oder, wie es ein Freund aus Ibbenbüren ausdrückte, das sich übrigens den schönen Narrenruf *Quiekpiep* zugelegt hat, man ruft einfach nach der Polizei. Das ist nämlich in Berlin zur Karnevalszeit nicht unüblich, weil sich viele Mitbürger vom munteren Treiben belästigt fühlen.

Wesa erzählt mir, wie eine Berliner Bewegung gegen den Karnevalismus es wirklich geschafft hat, die Politiker dazu zu bewegen, ein Limit für die Lautstärke der karnevalistischen Musik festzulegen. »Ein Verbot für laute Musik, ausgerechnet im Karneval, stell dir das mal vor. So etwas geht nur im preußischen Berlin.«

Wirklich erstaunlich. Nirgends geht es zur närrischen Zeit gesitteter, langweiliger und ordentlicher zu als im traditionellen Berliner Karneval. Nach der Wiedervereinigung scheiterten die ersten Karnevalsumzüge in Berlin, weil die Stadt sich weigerte, die Straßenreinigung zu bezahlen. Später dann fehlte es an Sponsoren. Noch später einfach an authentischem Spaß an der Sache.

»Humor findest du auf dem Berliner Karneval

so selten wie ein Foto vom Yeti«, meint Wesa. Aber glücklicherweise gibt es ja nun den Karneval der Kulturen in Kreuzberg, zu dem jedes Jahr über eine Million Menschen kommen, um die Samba-Tänzer und Tänzerinnen, die Trommler, vor allem aber die farbenprächtigen Kostüme und viel nackte braune Haut zu bestaunen. Ich frage mich unweigerlich, wo denn zum Kreuzberger Karneval plötzlich all die Brasilianer herkommen, die man sonst im Straßenbild Berlins nicht so häufig sieht. Wo verstecken sich nur all die schönen Brasilianerinnen das ganze Jahr hindurch in der Stadt?

»Die sind alle im Schönheitssalon, wo sonst?«, scherzt Wesa und zeigt auf die Perkussionistin Neide Alves aus Recife in Brasilien, die für den Karneval der Kulturen und die Gruppe Amasonia noch jemanden sucht, der ihnen einen Sattelschlepper sponsern könnte.

Zur Parade durch Kreuzberg kommen in diesem Jahr auch wesentlich weniger Besucher mit der Maske der Occupy-Bewegung. Diese hat mittlerweile in Berlin ihren eigenen Fasching, den sie Karneval der Empörten nennt. Die Karnevalsumzüge in Kreuzberg werden von Jahr zu Jahr bunter, schräger und verrückter.

»Mich erinnert der Karneval der Kulturen auch an die Farben meiner Kindheit in Rio«, sagt Wesa. »Schau, wie sie alle strahlen, die Farben, die Menschen. So stark und intensiv.« Es scheint, als hätte Wesa ihren Ausflug in den klassischen, drögen Berliner Karneval rund um die Gedächtniskirche gut verkraftet.

»Die Beziehung mit meinem damaligen Karnevalsprinzen ist ja längst vorbei. Das Leben hat für mich jetzt ein neues Kleid und einen neuen Prinzen«, sagt Wesa. »Kein *Hejo* aus Wilmersdorf, sondern einen Heißsporn aus Kreuzberg.«

Wien, Berlin und Schwabylon

Neulich am Helmholtz- und am Kollwitzplatz

Azurblauer Himmel. Ein leichtes Frühlingsrauschen in den Bäumen. Kinderlachen vom Spielplatz. Die Menschen in den Cafés am Helmholtzplatz wirken fröhlich und gelöst. Dabei zieht seit Wochen die Boshaftigkeit durch die Nachbarviertel.

Der Prenzlauer Berg ist in Aufruhr. Das Käthe-Kollwitz-Denkmal ist wieder einmal mit Spätzle beschmiert worden und in Mitte wurde der Kopf des schwäbischen Philosophen Hegel mit Currywurstsauce verschandelt. Keine Kunstaktionen, wie man vermuten könnte, sondern Anschläge anonymer Gruppen, die sich *Schwaben ausbürgern* nennen und mit ihren Aktionen ein Zeichen gegen die schwäbischen Invasoren setzen wollen.

»Kauft nicht bei Schwaben« wurde als Hetzspruch auf eine Hauswand in der Rykestraße geschmiert. Die Politiker mahnen zur Ruhe. Einige schwäbische Aktionen, die sich gegen die Fremdenfeindlichkeit im Bezirk auflehnen, versuchen Spaß und Witz in die Sache zu bringen. Ein Mäuerle aus Maultaschen soll alle Nicht-Schwaben aus ihrem Besserverdiener-Viertel ausschließen. Straßenschilder werden beklebt und aus dem Kollwitzplatz wird so das Kollwitzspätzle, aus der Wörther Straße das Wörther Gässle. Eine

Bewegung, die sich *Free Schwabylon* nennt, fordert sogar einen autonomen schwäbischen Bezirk in Berlin.

Ich treffe mich mit der Comic-Reporterin Ulli Lust in einem Café am Helmholtzplatz, weil ich unbedingt wissen möchte, ob diese Auseinandersetzungen eines Tages eskalieren könnten. »Mach dir keine Sorgen«, sagt sie, »Berlin ist eine tolerante Stadt. Das wird alles gut ausgehen und in lustigen Aktionen enden. Man wird doch gut unterhalten hier am Prenzlauer Berg. Da steckt auch viel Alltagskomik drin in all den Szenen, die du hier täglich erlebst. Du musst nur die Augen und Ohren offenhalten.«

Ich bin auf Ulli Lust durch ihre treffsicheren Reportagen aufmerksam geworden, die sie als Spionin des Berliner Alltags so wundervoll mit dem Zeichenstift in Szene setzt. In ihrem Comicband »Fashionvictims, Trendverächter« wirkt dieser Stift wie ein Seismograf, der kleinste Details wahrnimmt. So hält sie die unflätige Sprache des hoffnungsvollen Waldorf-Montessori-Nachwuchses am Prenzlauer Berg ebenso fest wie die Schlabberlook-Konfektionen der zu wahrer Mode unfähigen Berliner. Ulli, die hübsche Spötterin, die von sich behauptet, einen sehr bösartigen Wiener Humor zu besitzen, den auf Anhieb allerdings nicht jeder Berliner verstehen könne.

Was das Leben am Prenzlauer Berg betrifft, hat Ulli Lust die Ruhe weg. Die Wienerin ist, wie sie mir sagt, aus ihrer Heimatstadt Wien wesentlich Schlimmeres gewohnt. »Die Berliner haben einen ruppigen Schmäh, aber damit komme ich als Wienerin ganz gut klar, ich konnte das da unten ja sehr gut einüben.«

Obwohl man Wienern und Berlinern gleichermaßen nachsagt, unfreundlich und griesgrämig zu sein, seien die Wiener noch einen Tick besser darin zu jammern. »In Wien«, so Ulli, »gibt es eine unausgesprochene Abmachung, nicht zuzugeben, dass es einem gutgeht. Für das emotionale Gleichgewicht ist es in Wien also besser, ein bisschen zu jammern. Darum schätze ich die Toleranz der Berliner so sehr. Die Berliner sind zwar knurrig, jammern aber viel weniger und sind im Grunde viel souveräner. Denn es geht ihnen gut, das wissen sie und genießen es auch.« Was für Außenstehende nach einem großen Konflikt aussehe, wie der zwischen Berlinern und Schwaben, so Ulli, werde im Bezirk selbst sehr humorvoll behandelt.

Wahrscheinlich sind viele Menschen am Helmholtzplatz so tiefenentspannt. Ein kleines Stückchen Berlin, das so wirkt, als ob hier immer Urlaub oder Sonntag wäre, wie Ulli sagt. Frühestens ab elf Uhr sitzen die Leute in den Cafés und frühstücken gerne bis um vier Uhr nachmittags. Das Café-Angebot am Prenzlauer Berg ist mittlerweile riesengroß geworden. Und weil ich sehr gerne eine weitere Stimme aus dem Bezirk hören möchte, treffe ich mich am nächsten Tag mit der Autorin Katja Petrowskaja in meinem liebsten neuseeländischen Café namens The Dairy – ebenfalls am Helmholtzplatz gelegen.

Eben noch radelte der Schauspieler Benno Fürmann vorbei, ohne Belästigungen befürchten zu müssen, eine Mutter transportiert ihre Tochter in einem Fahrrad-Kastenwagen mit der Aufschrift »Food-Express«, der also einmal ein Auslieferwagen gewesen sein muss. Und Katja Petrowskaja gerät ins Schwärmen.

»Schau dir nur mal all die Menschen an. Noch ist alles sehr schön hier. Aber bereits in einigen wenigen Jahren werden dreißig Prozent der Bevölkerung des Prenzlauer Bergs Teenager sein. Dann haben wir hier einen der jüngsten Stadtteile Deutschlands. Dann ist es nicht mehr so geruhsam, dann haben wir hier Tumult, vielleicht sogar Aufruhr.«

Daran hatte ich gar nicht gedacht. Wunderbar, schoss es mir durch den Kopf, endlich einmal Istanbuler Verhältnisse in Berlin, nicht was die Tumulte, sondern was die Anzahl der Jugendlichen betrifft.

Das Leben ist im beständigen Fluss und in Berlin scheint es sich nicht recht entscheiden zu können, ob es nun sehr schnell fließen soll oder lieber doch etwas geruhsamer. In der Stadt geschieht wohl beides, gleichermaßen, zur selben Zeit. Der Helmholtzplatz aber ist, trotz der vielen Kinder, eine Oase der Ruhe. Katja Petrowskaja empfindet die Berliner überraschenderweise als langsam, wie so viele andere Freunde von ihr aus Kiew und Moskau auch. Die Narben der Geschichte hatten Katja anfangs am meisten an den zentralen Bezirken fasziniert. »Die Wunden des Krieges haben so viele Freiflächen mitten in der Stadt geschaffen. In welcher anderen europäischen Stadt gibt es wohl so viel Freiraum? Das hat mich seit je an Berlin fasziniert.«

Berlin ist stellenweise wirklich ein geruhsamer Ort. Viele Russen sprechen von Berlin als einem Kurort. Auch Katja Petrowskaja genießt es, wenn die hohe Umdrehungsgeschwindigkeit der nächtlichen Tanzbewegungen rund um die Torstraße sich tagsüber in eine langsame Schrittgeschwindigkeit verwandelt. Dann herrscht rund um den Helmholtzplatz beschauliche Kur-, also eben Schrittgeschwindigkeit. »Ja, stimmt, Berlin ist eine Art Kurort für uns. Außerdem aber ist es auch eine sehr friedliche und tolerante Stadt. Eine, die einen auf jeder Ebene verwöhnt.«

»Manche Leute«, so Katja, »schauen nur auf Komplikationen und Konflikte und übersehen dabei die glückliche Situation des Überflusses, in dem viele hier leben. Es gibt auch Menschen, die in den Prenzlauer Berg ziehen, um in einem lebendigen Künstler-Kiez zu wohnen, und haben sie das endlich geschafft, ist es ihnen plötzlich auch nicht recht.«

Um in Berlin zufriedenen Herzens und mit einer heiteren Gelassenheit durch den Bezirk Prenzlauer Berg gehen zu können, sollte man leben wie Katja Petrowskaja oder Ulli Lust. Zeichnen und Schreiben im Oasen-Kurort Prenzlauer Berg.

Aber wer im geburtenreichsten Stadtteil Deutschlands wohnt, sollte auch Kinder lieben lernen. Denn lebendig ist dieser Bezirk gerade durch sie. Shannon Campbell, der Betreiber des Café Dairy, erzählt mir von einem großen, steinernen Poller, den ein Café-Besitzer vor seinem Eingang errichten ließ, damit keine Kinderwagen ins Café kommen. »Und auf der anderen Straßenseite bietet ein Kinderladen Käuferinnen Schwangerschaftsprosecco ohne Alkohol an.«

Einige Straßen weiter hat eine Eisdiele namens Hokey-Pokey ihre Preise erhöht, weil sich die Nachbarn über die langen Warteschlangen vor dem Geschäft beschwert haben. »Nein«, glaubt Shannon, »das ist wahrscheinlich keine Intoleranz, sondern nur eine raffinierte Publicity-Idee, um in die Presse zu kommen. Stell dir vor, ich würde Reißnägel vor Kinderwagen werfen, das wäre doch eine geniale Marketing-Idee. Shannon, der Kinderhasser vom Helmholtzplatz. Genial.«

Später schlendere ich über den Wochenmarkt am Kollwitzplatz, sauge die heitere Stimmung auf, genieße mit Feigen-Senf-Sauce bestrichenen Gruyère und frage mich, wo in all den frisch renovierten Häusern im Bezirk denn nun die Touristenhasser, Schwabenhasser, Neureichenhasser oder gar Kinderhasser wohnen. Seit ich die Berlin-Comics der flanierenden Reporterin Ulli Lust gesehen habe, gehe ich völlig anders durch die Oasen der Stadt. Fange plötzlich die eine oder andere lustige Geschichte mit Augen und Ohren ein und versuche, sie in meiner Fantasie bildlich umzusetzen. Wenn ich so gut zeichnen könnte wie Ulli Lust, würde ich wahrscheinlich die Alltagskomik des Vaters in Szene setzen, der am Kollwitzplatz einem anderen Mann sein Leid über seinen Smartphone-süchtigen Sohn klagt:

»Ich habe Julian gefragt: Hättest du nicht wenigstens mal wieder Lust, etwas mehr fernzusehen?«

Oder ich würde den traurigen Blick des kleinen, etwa dreijährigen Jungen im Bild einfangen, der mich mit flehenden Augen ansah, als ihm seine Mutter sagte: »Ja, ich gebe dir die Hälfte der Banane. Aber erst mal musst du mir genau zeigen: Wo ist die Mitte der Banane?« Die Augen des Kindes aber fragten, warum muss ich immer mathematische Leistungen vollbringen, wenn ich nur ein bisschen Obst will? Vielleicht hat er ja auch bereits eine private Chinesischlehrerin, wie so manche Kinder hier im Bezirk. Ulli hat recht. Der Prenzlauer Berg ist sehr unterhaltsam.

Auch den verkohlten Kinderwagen in einem Hausflur in der Rykestraße hätte ich übrigens gezeichnet, wenn ich mit dem Zeichenstift so gut umgehen könnte wie Ulli Lust. Auch wenn das dann eine traurige Geschichte geworden wäre.

Bei Wilhelm Busch im Bunkerkeller

Im Bauch des Tempelhofer Feldes

Über dreihundert Jahre hat die größte Berliner Freifläche inzwischen auf dem Buckel. Das Tempelhofer Feld, das die meisten noch als ehemaligen Flughafen Tempelhof kennen, liegt als riesige Ebene mitten in Berlin. Einige nennen sie schlicht »Die große Tempelhofer Freiheit«. Was für ein Luxus für eine Hauptstadt, so viel Raum in bester Lage zu besitzen, den sich Berlin in einer Größenordnung leistet, die fast an die Dimensionen des New Yorker Central Parks heranreicht. Die Besucher flanieren heute über die einstigen Start- und Landebahnen des ehemaligen Flughafens oder räkeln sich in der Sommersonne auf der Wiese und schauen Kitesurfern, Radfahrern oder Männern und ihren Söhnen zu, die hier ihre Modellflugzeuge erproben. Steht man auf dem weiten Wiesenfeld, erahnt man in der Ferne die Silhouette eines Minaretts der Şehitlik-Moschee am Columbiadamm oder die des Schöneberger Gasometers, in dem Günther Jauch seine Gäste zur Fernseh-Talkshow empfängt. In der Ferne zeichnet sich der Fernsehturm auf dem Alexanderplatz ab, aber sonst? Nichts als Leere. Eine gigantische städtische Spielwiese, die sich die Berliner Sommer für Sommer mit Liegestühlen, Picknickkörben und Sonnenschirmen zurückerobern.

Bis 1722 wurde die Fläche für den Ackerbau genutzt und anschließend zum Spielball vorwiegend männlicher Gelüste aller Art. Das heutige Tempelhofer Feld wechselte also in schneller Folge vom militärischen Parade- und Exerzierplatz zum Manövergelände, dann zur Pferderennbahn und diente sogar den ältesten deutschen Fußballvereinen als Sportstätte. Ab 1885 lenkten diverse Fluggeräte die Aufmerksamkeit der frühesten Autofahrer nach oben und führten in Tempelhof zu den ersten durch motorisierte Fahrzeuge verursachten Verkehrsunfällen Berlins und den absurdesten Ausreden der Chauffeure. So gab ein Fahrer an, Schießübungen, die aus Fesselballons abgehalten wurden, hätten ihn abgelenkt. Andere berichten von einem in Flammen stehenden Luftschiff mit dem Namen »Deutschland«, das als feuerrote, brennende Fackel oben am Himmel über dem Tempelhofer Feld schwebte. Ein Hellseher in Berlin deutete den Absturz dieses Luftschiffs einst als böses Omen für die deutsche Zukunft, was aber um die Jahrhundertwende noch niemanden wirklich in Aufregung versetzte. Auch ein Zeppelin, der ganz und gar aus Aluminium geformt war, stürzte aus vierhundert Metern mit lautem Krachen reichlich spektakulär auf das freie Tempelhofer Feld. Doch es gab auch positive Dinge zu berichten. Wenn man die vorübergehende Ohnmacht zweier Aeronauten in einem offenen Korb in zehn Kilometer Höhe außer Acht lässt, kann der Flug eines Ballons namens »Preußen«, einer der größten Gasballons der damaligen Welt, und die anschließende sichere Landung der zwei Ballonfahrer in Berlin-Tempelhof durchaus als Erfolg gewertet werden. 1909 führte an selber Stelle der Flugpionier Orville Wright seine Flugkünste vor und stellte einen neuen Höhenweltrekord mit seinem Motorflugzeug auf.

Fotografisch dokumentiert ist die Ankunft des Luftschiffs Graf Zeppelin, das im Sommer 1931 von einer Nordpolfahrt zurückkehrte. Der Betrachter sieht eine riesige silberne Zigarre über dem Fluggelände Tempelhof, die eine starke hypnotische Wirkung auf die Betrachter ausgeübt haben muss. Wie festgeklebt am Himmel steht der silberne Riese da, und am silbernen Zeppelin festgeklebt die Blicke aller darunter stehenden Menschen. Dass ein kurzgewachsener Träger eines Chaplinbartes bald darauf eine ähnlich hypnotische Wirkung auf die Massen am Tempelhofer Flughafen haben sollte, konnte damals noch niemand ahnen. Der Stadt Berlin schenkte der verhinderte österreichische Kunstmaler auf dem Flughafen Tempelhof zuerst 1941 das größte Gebäude der damaligen Welt, plante dann mit seinem Architekten Albert Speer über dem Tempelhofer Flughafen für das utopische Berlin des Jahres 1950 das größte Luftkreuz der Welt, verwandelte die Stadt dann aber letztlich in nichts weiter als einen gigantischen Trümmerhaufen.

Einige der heute fröhlich auf dem riesigen Tempelhofer Feld skatenden und Drachen steigen lassenden Berliner Kinder mögen zwar in der Schule lernen, dass sie ihre freie Lebensweise einer hier einst vorhandenen Luftbrücke verdanken. Vom amerikanischen Piloten Gail Halvorsen werden jedoch die wenigsten je gehört haben. Jener Pilot, der beim Landeanflug auf Tempelhof in den Jahren 1948/49 über der Stadt an kleinen Fallschirmen befestigte Süßigkeiten aus dem Fenster der Pilotenkanzel seines Rosinenbombers warf und als Candy Bomber in die Geschichte eingehen sollte.

Und auch von den gewaltigen Labyrinthen unter ihrer neuen Spielwiese wissen die meisten Kinder, aber auch die meisten erwachsenen Berliner nichts. Denn bestimmte Abschnitte der unterirdischen Welten des Tempelhofer Flughafens konnte man eine Zeit lang nur mit einer Sondergenehmigung besichtigen. Die riesigen Anlagen, die über mehrere Stockwerke hinab in die Erde reichen, waren Teil der von Albert Speer ausgearbeiteten Pläne, hier eine unterirdische Stadt zu errichten. Sozusagen das Kellergeschoss der geplanten Nazi-Welthauptstadt Germania.

Mit einigen Neugierigen steige ich mit einer offiziellen Führung durch eine unscheinbare Eisentür hinab in die verborgene Welt unter dem einstigen Tempelhofer Flughafen, hinunter ins Reich der verschachtelten Bunker. Über neunhundert Räume befanden sich einst hier unter der Erde, von denen alleine achtzig im Zweiten Weltkrieg als Luftschutzkeller genutzt wurden. In einem eigenen Trakt von zehn Räumen, der sich über drei Stockwerke erstreckte, lagerte geheimes Archivmaterial der Nazis. Als die sowjetischen Soldaten der Roten Armee die dicke Stahltür dieses Bunkertrakts sprengten, geriet das Archivmaterial in Brand und glühte zwei Wochen lang vor sich hin. »Die Hölle« wird dieser rußgeschwärzte Ort von einigen der

Stadtführer heute genannt. Auf ihren Touren durch die unterirdischen Anlagen darf man spekulieren, welche Schätze neben dem bekannten Foto- und Filmmaterial hier noch vernichtet wurden. Das Bernsteinzimmer? Geraubte Kunstschätze? Hitlers Privatvermögen?

Gut zu Fuß sollte man sein, denn auf dem weiteren Weg gibt es neben einer unter der Erde liegenden Straße auch einen unterirdischen Bahntunnel zu sehen, der über eigene Gleisanschlüsse die Versorgung des Flughafens über die nahen Güterbahnhöfe sicherstellen sollte. In den kilometerlangen Tunnelröhren, die unter dem Hangar verlaufen, befanden sich früher Fertigungsanlagen, in denen ab 1943 Jagdflugzeuge produziert wurden, die später als Stukas, als Sturzkampfbomber, bekannt wurden. Hier, tief unter der Erde, im Bauch Berlins, gab es ein eigenes Wasserwerk mit zwei riesigen Wasserspeichern und unterhalb des Columbiadamms sogar ein eigenes Kraftwerk.

Die Führung durch dieses unterirdische Reich zeigt auch einige der ehemaligen Luftschutzräume der Lufthansa-Mitarbeiter und ihrer Familien. Etwa fünfzig dieser Räume sind mittlerweile bekannt und erschlossen. In einem der kalkweißen, hallenden, spärlich beleuchteten Räume machen wir Halt. Während das Archivmaterial des von der Roten Armee gesprengten Raumes auf immer verloren ist, staunt man hier über ein anderes, sehr gut erhaltenes Relikt aus jener Zeit. In einem Bunker, der als Lufthansa-Bunker bekannt wurde, sieht man Wandmalereien nach den Motiven von Wilhelm Busch. Die kolorierten Zeichnungen sollten die in den Bunkern ausharrenden Kinder aufheitern. Eine Zeichnung zeigt Wilhelm Buschs Figur des Balduin Bählamm. Beide Arme nach oben gestreckt steht Balduin vor seinem Stehpult. In einem geschwungenen Spruchband steht über dem Fresko geschrieben: »Begeistert blickt er in die Höh'. Willkommen herrliche Idee.«

Was die Fremdenführer, die den Besuchern diese Zeichnung erklären, nicht ahnen, und was auch die Medien bislang nicht thematisiert haben, ist die in dieser Zeichnung versteckte Ironie, die man auf den damaligen »Führer« beziehen kann.

Wilhelm Busch, dem die Nationalsozialisten aufgrund seiner gesammelten Volksmärchen, Lieder und Balladen posthum den Ruf eines »völkischen Sehers« verliehen hatten, schuf mit der Figur des Balduin Bählamm bereits 1883 ein Sinnbild für den gescheiterten Künstler. Die sehr gut erhaltene Wandzeichnung nach Busch, die heute im Bunker unter dem Tempelhofer Feld zu sehen ist, kann als subtile Kritik an Adolf Hitler verstanden werden. Schließlich war der junge Kunstmaler Hitler von der Malerschule der Wiener Kunstakademie 1907 abgelehnt worden. Hitler hat sich zeitlebens als verkannter Künstler gesehen. Eben genauso wie der gescheiterte Künstler Balduin Bählamm, den die Busch-Zeichnung hier zeigt.

Ein russischer Bergführer in Berlin

Erkenntnisreiche Exkursionen in Charlottengrad

Wer hätte gedacht, dass es mehr als vierzig Berge in Berlin gibt? Sie tragen teils entzückende Namen wie Schäferberg, Drachenberg, Windmühlenberg oder, eine tiefe, dunkle Vergangenheit bergend, Mörderberg. Klar, den Kreuzberg kennt jeder, auch wenn Besucher nicht ahnen, dass sich dahinter ein ehemaliger Weinberg verbirgt und auch zuerst einmal nicht wissen, wo sich diese mysteriöse Erhebung eigentlich nun genau befindet (Tipp: Fragen Sie nach dem Viktoriapark im Bezirk Kreuzberg 61).

In Berlin hat man im Laufe der Zeit aus allen möglichen Materialien Berge geformt. Aus dem Müll der Stadt wurde so die Lübarser Höhe in Reinickendorf oder, man höre und staune, der Alpengipfel in Tempelhof-Schöneberg, eine Erhebung, die mit ihren jämmerlichen 76,6 Metern Höhe wahrlich euphemistisch benannt wurde. Aus dem Schutt der Stadt formte man den Neuen Hahneberg der Stadt in Spandau und aus den Trümmern der kriegerischen Vergangenheit entstanden alleine sechzehn Berliner »Berge«.

Der Bezirk Charlottenburg-Wilmersdorf hat sechs Berge, was kaum jemand ahnt. Der Ortsteil Charlottenburg, wo meine lieben Freunde Sabine, Jens und ihre Tochter Johanna wohnen, dort, wo ich in einer Bäckerei morgens einer überaus gut gelaunten Katja Riemann begegnet bin und mich der Schauspieler Sylvester Groth einst fröhlich auf der Straße grüßte, ohne wohl zu ahnen, dass er mir in einigen Hörproduktionen, in denen ich als Reisender vorkam, einst seine wundervoll sonore Stimme verliehen hat. Charlottenburg, wo ich die große Ehre hatte, mit Otto Sander stundenlang über Filme und gute Biere zu sprechen. Ein Bezirk, der neben Künstlern, Schauspielern und Literaten vermehrt auch wieder Russen anlockt, die das einstige Zentrum der Exilanten aus den zwanziger Jahren erneut in das verwandelt haben, was die Berliner einst liebevoll Charlottengrad nannten. Russen wie Dimitri Komarow beispielsweise. Ein Tausendsassa aus Moskau, in dessen Wohnung am Savignyplatz fast täglich russische Feste gefeiert werden, weil es, Originalton Dimitri, »in jeder Minute eines anständig geführten Lebens etwas zu feiern gibt und geben sollte«. Dimitri ist ein Meister darin, sich neue Geschäftsideen auszudenken. So hat er sich beispielsweise bereits an einer Lügentour durch Berlin versucht. Das Konzept hatte er sich bei einer bereits bestehenden Tour abschauen wollen, die sich ganz offiziell Lügentour nannte, die er dann aber so langweilig fand, dass er russischen Landsleuten eine solch banale Tour dann doch nicht zumuten wollte. »Eigentlich habe ich meinen russischen Freunden immer schon Lügentouren durch Berlin angeboten, allerdings früher schlicht vergessen, darauf hinzuweisen, dass es sich um Lügentouren handelt. Jetzt baue ich so manche hübsche Lügengeschichte privat und ganz offiziell in meine Berliner Stadtführungen mit ein.«

Ich habe mit Dimitri einmal eine solche Lügentour unternommen, bei der er aus dem Stegreif die absurdesten Geschichten erfand und völlig selbstbewusst von aus dem Zoo entflohenen Kängurus erzählte, die dann in Wirtshäusern am Kurfürstendamm in Boxkämpfen gegen den russischen Boxer Nikolai Walujew angetreten wären. Eine Idee, wie er mir verriet, die ihm bei einem alten Stummfilm von Max Skladanowsky eingefallen sei, bei dem boxende Kängurus im Berliner Wintergarten gezeigt wurden.

»Auf die Idee der Lügentour bin ich damals gekommen, als wir bei einer offiziellen Tour einmal mit einem Bus in einen Stau gerieten. Rund um uns herum nur Baustellen. Was sollte ich als Reiseleiter da noch groß erzählen? Wir standen bereits eine halbe Stunde an derselben Stelle. Fakten hatte ich längst nicht mehr zu bieten. Also erfand ich Geschichten. Zum Beispiel die, wie eine Baustoffhandlung versehentlich Teile der Berliner Mauer verkaufte.«

Bevor mir Dimitri seine »verwegenen Gedanken« erzählt, möchte er mir ein paar Ratschläge für meine literarische Reportage geben. Für unser Geschäftsessen treffen wir uns im mit dicken Teppichen und dunkelroten schweren Vorhängen ausgestatteten Voland, einem russischen Café und Restaurant, das seinen Namen einer Figur aus Bulgakows Roman »Der Meister und Margarita« verdankt. Zu Wareniki, halbmondförmigen, mit Kartoffeln und Pilzen gefüllten Teigtaschen, führt mir Dimitri aus, wie er sich meine Reportage über das russische Berlin, insbesondere über Charlottengrad, vor allem aber über ihn, den großen Lebenskünstler Komarow, so vorstellt.

»Ich habe alles genau durchdacht. Wir beginnen natürlich mit Vladimir Nabokov, es wäre eine Schande, diesen Wahlberliner, der hier immerhin von 1922 bis 1937 lebte, nicht zu erwähnen. Ich glaube, ich bin derjenige, der wohl am meisten über Nabokov und seine Berliner Jahre weiß.«

Wenn ich mit Dimitri durch den Stadtteil Charlottenburg schlendere, kommen wir an Orte, an denen man mehr russische Stimmen hört als deutsche. Bereits in den zwanziger Jahren gab es in Berlin über dreihunderttausend russische Emigranten. Darunter solch illustre Namen wie Maxim Gorki, Vladimir Nabokov, Boris Pasternak. Es waren vor allem gestrandete Künstler, Politiker und Geschäftsleute, die in Berlin eine Reminiszenz an St. Petersburg und die vorkommunistische Zeit schaffen wollten, als sie die damaligen Bezirke, in denen hauptsächlich Russen wohnten, allen voran Charlottenburg und Schöneberg, einfach Petersburg nannten. Es gab in Berlin damals hundertfünfundachtzig russische Verlage. Der Ostbahnhof war die letzte Station aller großen russischen Bahnlinien und die erste Station neuer russischer Träume.

»Nabokov, gerne. Pasternak, meinetwegen. Dumm wäre es aber, diesen Rotwein-Russen Vladimir Kaminer in deinem Kapitel über Russen in Berlin zu erwähnen, dessen sogenannte »Russendisko« nur sehr wenige wirkliche Wodka-Russen, zumal solche meines Schlages, aufsuchen. Also bitte, mach das nicht, lass den Kaminer weg, nimm mich dafür rein. Du wirst sehen, das lohnt sich für dich.«

Ich hatte sehr schnell verstanden, dass der russische Schriftsteller Vladimir Kaminer zu Dimitris »Erzfeinden« gehört und sich die Russen in Berlin durchaus nicht als eine große harmonische Familie betrachteten, in der jeder jeden kennt und schätzt. Mein Bekannter, der russische Pianist Mikhail Mordvinov, jedenfalls kennt Dimitri Komarow überhaupt nicht. »Warum sollte er?«, fragte mich Dimitri, »weißt du, ich kenne ihn auch nicht und wer schon Mordvinov heißt ... ich wurde einmal in Moskau gefragt: Hey Komarow, kennst du Valeri Koslow, der wohnte auch lange in Berlin? Verrückt sind die Moskowiter. Als ob sich in Berlin alle Russen persönlich kennen würden.«

Dann saugt Dimitri an seinen Wareniki, schlürft einen Wodka und sagt mit fester Stimme: »Vermeide die üblichen Stereotype über Russen in Berlin. Da wird viel Quatsch geschrieben. Die rennen doch nicht alle in Pelzmänteln und teurem Schmuck herum, das machen sie vielleicht in Paris oder London, so das Wetter denn gnädig ist und die Temperaturen mal ein wenig fallen, sogar an der Côte d'Azur. Die Berliner Russen zeigen ihr Geld nicht so gerne. Also, keine Stereotype. Nimm mich als Berater und es wird ein hübsches Kapitel für dein Buch werden. Ich verspreche es dir.«

Ich verstand. Und je mehr ich mit Dimitri über die Russen in Berlin redete, desto mehr verstand ich auch, dass es in diesem Kapitel hauptsächlich um Dimitri selbst gehen sollte. Aber meine Befürchtungen, es könnte aus diesem Grund eine eindimensionale Geschichte werden, zerschlugen sich schnell.

»Weißt du eigentlich, dass es meinen Nachnamen in Russland recht häufig gibt? Er leitet sich vom Wort ›komar‹ für Stechmücke ab. Wesentlich häufiger heißen die Leute aber Koslow. Dieser Name ist allerdings ein etwas unwürdiger Vertreter unter den Top Ten der russischen Nachnamen, denn er kommt von ›kosel‹ für Ziegenbock. Weißt du, da heiße ich aber doch lieber Stechmücke, nicht wahr, als Ziegenbock.«

Dimitri nimmt mich mit zum kleinen Stückchen Heimat für russische Exilanten namens Rossia. Ein vierhundert Quadratmeter großer, rund um die Uhr geöffneter Markt am S-Bahnhof Charlottenburg. Angeblich sollen zweihunderttausend Russen in Berlin leben, wahrscheinlich, so Dimitri, sind es aber längst wieder dreihunderttausend Menschen, die in Berlin Russisch oder Ukrainisch sprechen. Zum Freundeskreis Dimitris zählen auch viele Weißrussen und Ukrainer. »Wir verstehen uns, kaufen hier im Rossia Birkensaft, den Geschmack unserer Kindheit, und natürlich Wodka, den Geschmack unserer Jugend, unserer besten Tage und den Geschmack unseres Alters.«

Nun also zur neuen Geschäftsidee, die Dimitri in den Sinn kam, als er die vielfältige Berliner Bergwelt erkundete.

»Weißt du, einem Russen, der dem Wodka wahrlich nicht abgeneigt ist, wie mir, sind die hübschen Berliner Berge und Hügelchen an besonderen

Abenden durchaus wie Hochgebirge vorgekommen. Aus diesem Grunde hatte ich beschlossen, der erste Berliner Bergführer zu werden.«

Erfahrung im Klettern und Führen von Touristen hatte Dimitri bereits auf Touren gesammelt, die er über den Dächern von St. Petersburg angeboten hatte. Er und einige St. Petersburger Studenten hatten den wunderbaren Einfall, dank dem Touristen die Stadt an der Newa von oben sehen konnten und auf Wunsch für sie auch ein prachtvoll gedeckter Tisch, samt Stühlen, Gedeck und edlem Essen, aufs Dach geschafft wurde.

»Und für Turteltauben und frisch Verliebte haben wir sogar Betten, Damast und hübsche Kopfkissen auf die St. Petersburger Dächer geschleppt. Die haben sich dann gleich unter dem Himmel geliebt, zur Musik von Schostakowitsch und als Kulisse die wunderbaren weißen Nächte.«

Die romantische Dachbegehung ließ sich als Geschäftskonzept in Berlin für Dimitri nicht verwirklichen, weil es in Deutschland strenge Sicherheitsauflagen für Führungen in luftiger Höhe gibt und die Besitzer der Häuser aus versicherungstechnischen Gründen auch die Schlüssel nicht herausgeben wollen.

»In St. Petersburg waren alle diese Touren illegal, aber das war den jungen Touristen egal. Schade, dass Berlin nicht einmal etwas wagen möchte. Die Versicherungen in Deutschland würden sicherlich mitspielen bei meinem Dachbegehungsprojekt.«

Da es also mit den Dachbegehungen nicht geklappt hat, ist Dimitri auf die harmlosere Variante der Bergführungen gekommen.

»Ich bin gerne Bergführer in Berlin. Ein Bergführer-Russe wie ich hat natürlich den Bernhardiner als Vorbild, wenn es darum geht, eine lebensrettende Instanz zu sein. So stellte ich mir anfangs ganz naiv vor, wie ich für meine Touristen, ähnlich dem kleinen Fass, das der Bernhardiner um den Hals trägt, ein hübsches Fässlein mit köstlichem Brandy oder Wodka um den Hals mit nach oben auf die Berliner Gipfel trage.«

Klar: Besäufnisse und Feste auf sogenannten Berliner Bergen mit seinen russischen Freunden. Über dieses frühe Stadium ist Dimitris neue Geschäftsidee, wie es mir schien, bislang nicht hinausgekommen. Erst als mich Dimitri auf eine seiner Berliner Bergtouren mitnimmt, sehe ich ein, dass ich mich geirrt habe. Das Geschäftsmodell scheint zu fruchten. Der charmante, eloquente Russe bietet tatsächlich Touren über die Schutt-Trümmer und Müllberge Berlins an.

»Da gibt es den Murellenberg meine Damen, Herren und Kinder (zweiundsechzig Meter über dem Meeresspiegel), den Dachsberg (einundsechzig Meter hoch), den Karlsberg (neunundsiebzig Meter), den Pichelsberg (zweiundsechzig Meter) und den höchsten aller Berliner Berge, den Teufelsberg (hundertfünfzehn Meter über dem Meeresspiegel), einer der Berliner Trümmerberge, die allein aus dem Schutt der zerstörten Häuser Berlins errichtet wurden. Der Teufelsberg entstand aus fünfundzwanzig Millionen Kubikmetern Trümmerschutt. Ein Paradies aus Schutt machen, so etwas können nur die Berliner. Auf dem freien Tempelhofer Feld, dort wo mal ein Flughafen war, wollte ein verehrter Kollege mit viel Fantasie ebenfalls einen riesigen Berg errichten. Er dachte, Berlin hat eigentlich alles, das Einzige, was fehlt, sind hier Alpen. Also bauen wir uns welche, mit Skipisten und allem winterlichen Drum und Dran. Dieser fantastische Entwurf ist aber leider abgelehnt worden und so muss Berlin bis heute mit dieser Miniaturausgabe der Alpen hier vorliebnehmen, einer dennoch für hiesige Verhältnisse imposanten Erhebung, die sich Teufelsberg nennt, 114,7 Meter aus dem Boden ragt und sich mit dem Großen Müggelberg im Berliner Ortsteil Köpenick einen erbitterten Wettstreit um Berlins höchsten Berg liefert. Der alte Kampf West gegen Ost findet also in diesem Wettstreit der Berge seine historische Fortsetzung.«

Dimitri dreht auf. Ich vermag nicht zu sagen, welche der zahlreichen Anekdoten, die er noch voller Inbrunst mit sonorer Bassstimme bei dieser Teufelsberg-Tour hinzufügt, nun erlogen sind.

»Ich kann meine Herkunft als Lügentour-Führer nicht immer verleugnen, zugegeben, an manchen Tagen gehen einfach die Pferde mit mir durch. Aber das Leben selbst ist doch manchmal schöner, spannender und absurder als jede Fiktion. Hättest du gedacht, dass es hier in Berlin zur Walpurgisnacht eine Bergbegehung gibt?«

Dimitri erzählt mir begeistert von einem Alphorn- und sogar einem Jodel-Workshop, der kurz vor der Walpurgisnacht in Berlin im Rahmen eines Naturtonfestivals stattfand. Und dann hätten die Teilnehmer, Freunde und eigentlich jeder, der es wollte, zur Walpurgisnacht jenen berühmten Gipfel erklommen, der sich stattliche fünfundvierzig Meter über seine Umgebung erhebt, den berühmten Neuen Hahneberg in Berlin-Staaken. Alpenländisches Gefühl habe ehrlich gesagt angesichts des Berliner Hügelchens bei keinem der Teilnehmer aufkommen wollen, aber daran könne man ja noch arbeiten.

Unter all den Touren, die Dimitri Komarow mittlerweile anbietet, gibt es auch eine Spuk- und Schreckenstour, die an Plätze wie den Selbstmörderfriedhof, in eine Spukvilla, ein Geisterhaus, in die Berliner Unterwelt und eben an jenen sagenhaften Teufelsberg führt, den viele Berliner nicht unbedingt mit schrecklichen Ereignissen, sondern eher mit Spaß, wie dem Drachenfliegen oder dem Schlittenfahren in Verbindung bringen. Standhaft geweigert hat sich Dimitri bisher, den Mörderberg in seine Exkursionen mit einzubeziehen. Trotz des martialischen Namens gäbe diese ehemalige Hinrichtungsstätte im Bezirk Pankow nicht viel her. Die FDP im Pankower Bezirksparlament habe einmal einen Antrag eingebracht, die Bushaltestelle namens Mörderberg umzubenennen, da dieser Name sich negativ auf den Gemütszustand von busfahrenden Kindern auswirken könnte. Doch die vampir- und zombiegeschulten Kids lieben den Mörderberg und steigen fröhlich an der Haltestelle aus. »Wieso sollte man auch vor einem Golfplatz oder friedlich grasenden Pferden Angst haben? Denn mehr bekommt ein Besucher bei einer Fahrt mit der Buslinie 154 am Mörderberg nicht zu sehen. Ein wirklich harmloses, unspektakuläres Hügelchen.«

Auch einen weiteren Ort des Schreckens spart Dimitri auf seinen Spuk- und Schreckenstouren bewusst aus. »Da kannst du gerne darüber schreiben, musst allerdings ohne mich dort hingehen. Ich mache keine Retro-Touren ins ehemalige kommunistische Berlin.«

»Was meinst du mit Retro-Touren?«

»Na, die Stasi-Zentrale! Was interessieren mich Wanzen und Aufzeichnungsgeräte!«

Was Dimitri interessiert, ist eine ganzheitliche Sicht auf die Dinge, sprich die »Geschäftsideen«, die er mittlerweile in die Welt gesetzt hat. Er arbeitet nach eigener Darstellung beharrlich daran, die Touren nicht in Arbeit ausarten zu lassen, da er grundsätzlich vom Arbeiten Ausschlag bekäme. Die höchste Kunst sei es, Geld zu verdienen, indem man die Dinge des Lebens feiert und zu einer einzigen runden Sache werden lässt. Sprich: einem Wodkaglas.

Eines Tages erhalte ich eine Einladung zu einem seiner verrückten Feste im Freien – auf dem Teufelsberg. Seine besonderen Partys feiert Dimitri am liebsten in Sichtweite der Abhöranlage, die den Teufelsberg einst zur militärischen Zone machte. Ein langer Holztisch mit gegen den Wind fest getackerter weißer Papiertischdecke und darauf reichlich russisches Essen und zahllose Flaschen mit kyrillischer Aufschrift.

»Hier, diese Pelmeni, die musst du unbedingt probieren, die hat Nadja, meine Freundin, gemacht. Die beste Zutat, die sie da hineingetan hat, ist die wodkareine russische Seele.« Spät am Abend verspricht mir Dimitri den besten Trinkspruch der

Welt, den er auch gerne als Abschluss der Bergführertouren durch Berlin zitiert, wenn er dann als Lebensretter den obligatorischen Wodka zückt.

»Und wie heißt der beste Trinkspruch der Welt?«

»Uwiedimsje pod stalom … - Auf dass wir uns unter dem Tisch wiedersehen …« Aber, so Dimitri, dieser bekannte russische Trinkspruch alleine hätte noch lange nicht die Grandezza, um ihn wirklich zum besten Trinkspruch der Welt werden zu lassen. Darum hätte er, der Berliner Bergführer Dimitri ihn kreativ aufgepeppt und optimiert. Aber ich solle noch ein wenig Geduld haben. Nachdem wir dann einige weitere Flaschen Wodka auf ihren, wie Dimitri es nannte, Wahrheitsgehalt untersucht hatten, stand der »beste aller Bergverführer« auf, erhob sein Glas und sagte in seiner unnachahmlichen Art und mit herrlich gerolltem russischen »R«: »Der weltweit beste aller Trinksprüche, meine hübschen Freunde und sehr hübschen Freundinnen, lautet: ›Auf dass wir uns alle unter dem Tisch wiedersehen …‹«, Dimitri macht eine geschickte dramaturgisch-spannungsvolle Pause, »… und dennoch wiedererkennen.«

Lang lebe die Berliner Mauer

Freiheitsträume, Fluchtgedanken und die längste Open-Air-Galerie der Welt

»Die Mauer muss weg. Die Mauer muss weg.«

Die Rufe sind mir noch gut im Gedächtnis. Jeder meiner Bekannten und Freunde aus Berlin kann sich noch genau an das erinnern, was er am Tag, als die Berliner Mauer fiel, gemacht hat. Tanja Bauer erinnert sich daran, wie ihr noch zu Silvester 1990 Vopos auf die Mauer geholfen haben, um darauf zu tanzen. Sie kann es heute noch nicht fassen. Ausgerechnet Ostberliner Volkspolizisten, die jahrzehntelang dafür gesorgt haben, dass keiner dieser Mauer zu nahe kam. Am Tag, als die Mauer fiel, habe ich zu Hause auf meine Liebste aus Leipzig gewartet. Seit über einem Jahr fuhr ich damals an jedem Wochenende nach Leipzig-Mockau in jene Plattenbausiedlung, in der sie mit ihrem Bruder und ihrem Vater wohnte. Irgendwie würde sie den Weg durch die Massen schon finden. Am Treffpunkt, den wir ausgemacht hatten, wogte ein jubelndes Menschenmeer. Ich ertappte mich dabei, wie ich sie in den Bildern des Fernsehens suchte. Und dann, nach schier endlosem Warten, stand sie einfach vor meiner Wohnungstür in Westberlin.

Zu Zeiten, als ich direkt an der Berliner Mauer eine Ausbildung zum Physiotherapeuten machte, hatte ich diesen trennenden Wall, der sich wie eine in Beton gegossene Riesenschlange durch Berlin zog, als tägliches skurriles Mahnmal direkt vor der Nase. An der Lindenstraße, in Sichtweite des Axel-Springer-Hochhauses, saßen wir Schüler mittags auf einem eigens errichteten Podest, von dem man hinüber in den Osten schauen konnte, bissen in unsere Stullen oder winkten den Ostberlinern in ihren Wachtürmen zu.

Die Mauern der Welt. Was ich bisher besichtigt habe, war zwar teils imposant, weil groß und mächtig, hinterließ bei mir aber keine bleibenden, tiefen Gefühle. Mauern lassen mich oft ratlos zurück. Die chinesische Mauer ist in ihrer monströsen Trutzhaftigkeit eher banal. Anstelle der Klagemauer würde ich mir lieber den Jerusalemer Tempel ansehen, dessen Bestandteil sie einmal war und die Ereignisse an der Mauer im Westjordanland machen mich einfach nur traurig.

Aber was passiert, wenn man Mauern transformiert? Als sichtbare Symbole der Ausgrenzung und Trennung von denjenigen verwandeln lässt, die als größte Transformationswunder gelten, den Künstlern? Das schönste künstlerische Beispiel einer solchen Transformation ist für mich das Werk »Non Violence« des schwedischen Künstlers Carl Frederik Reuterswärd. Die Idee zu dem riesigen Revolver mit verknotetem Lauf, der heute vor dem Gebäude der UNO zu sehen ist, entstand aus Gesprächen zwischen Reuterswärd und John Lennon. Doch nicht nur Revolver, auch Mauern lassen sich künstlerisch durchaus in Symbole der Freiheit verwandeln.

»Mauerstücke. Mauerstücke.«

Kleine Stücke der Berliner Mauer werden immer noch verkauft, auch wenn die Menge der verkauften Steine längst die Masse der Chinesischen Mauer übertrifft. Die Mauerstücke waren von Anfang an begehrt. Segmente der Mauer findet man heute in London (Imperial War Museum) und im Friedensmuseum in Caen (Normandie). Ja, selbst in den Vatikanischen Gärten konnte man zeitweise mit Graffiti verzierte Mauerteile begutachten. Weltweit, so die Schätzungen des Dokumentationszentrums Berliner Mauer, wurden auch weitaus mehr Mauergraffiti auf einzelnen Steinfragmenten verkauft, als ehemals wirklich auf der Berliner Mauer vorhanden waren.

»Hoch lebe die Berliner Mauer. Hoch lebe die Berliner Mauer.«

Die Rufe, die am frühen Morgen im Frühjahr 2013 erklingen, hören sich zynisch an, sind aber völlig ernst gemeint. Die Berliner Mauer, die über dreißig Jahre lang ein verhasstes Monument der Trennung war, wird hier ernsthaft gefeiert und hochleben gelassen. Zumindest Teile von ihr, bemalte Teile, die sich hier der Spree entlang ziehen und als East Side Gallery internationale Karriere gemacht haben. In einer Nacht- und Nebelaktion hatte ein Berliner Investor ein Segment der East Side Gallery entfernen lassen, um so einen Zugang für seine Baufahrzeuge zu schaffen, die nun ein hinter der bemalten Mauer liegendes Baugrundstück ansteuerten.

Es gibt den berühmten Ausspruch des Staatsratsvorsitzenden der DDR Walter Ulbricht, der die Dreistigkeit besaß, noch zwei Monate vor dem

Mauerbau zu behaupten: »Niemand hat die Absicht, eine Mauer zu errichten.« In Anlehnung an diesen Ausspruch hält jemand in der wütenden Menge vor der East Side Gallery ein Protestschild hoch, auf dem zu lesen ist: »Niemand hat die Absicht, Luxuswohnungen zu errichten.« Für einen luxuriösen Wohnturm und eine Fußgängerbrücke müssen fünfundzwanzig Meter der Berliner Mauer verschwinden. David Hasselhoff war vor einigen Wochen extra angereist, um hier an einem kalten Frühlingstag gemeinsam mit zehntausend Berlinern gegen den Teilabriss der Mauer zu protestieren. Bei einem weiteren Protest erfuhr man, dass Udo Lindenberg solidarische Grüße geschickt hatte, und Ben Becker erschien mit cooler Sonnenbrille, Totenkopfring und offener Lederjacke. Von den Organisatoren des Protests erfuhr man später, als Becker längst verschwunden war, dass er irgendwann in naher Zukunft eine Lesung an der East Side Gallery halten wolle. Er würde aus den Akten eines inoffiziellen Stasi-Mitarbeiters vorlesen, hinter dem sich, so die Vermutung, der Luxus-Investor verbergen solle.

Ich frage mich, wann die Stadt Berlin endlich hinter einer ihrer spektakulärsten Sehenswürdigkeiten steht und sie in die Stiftung Berliner Mauer aufnimmt? In dieser Stiftung werden bislang nur die Gedenkstätte Berliner Mauer an der Bernauer Straße und die Erinnerungsstätte Notaufnahmelager Marienfelde als offizielle Teile der Mauer repräsentiert. Als ob die East Side Gallery nicht dazugehörte.

Wenn Steine sprechen könnten, heißt es, doch

man kann sie ja auch zum Klingen bringen, wie das Spontankonzert der Mauerspechte, das ich 1989 miterleben durfte und bei dem einige der Mauerklopfer in einen wunderbaren Rhythmus verfielen. Leider ist es niemals zu einem öffentlichen Konzert der Mauerspechte gekommen. »Konzert für Mauer, Kontrabass und Meißel«, das wäre wahrlich etwas Einmaliges geworden.

Der Pornostar am Bratwurststand

Berliner Biotope und Laboratorien der Lust

Berlin sei arm, aber sexy, sagte einst Bürgermeister Klaus Wowereit. Sex und Erotik spielten in der deutschen Hauptstadt seit je herausragende Rollen. Ich hatte mir allerdings fest vorgenommen, ich würde nur dann ein erotisches Kapitel für diese Lesereise schreiben, wenn mir meine Stadt Berlin eine entsprechende Geschichte oder Begegnung schenken würde. Ja, sie sollte mir begegnen, auf keinen Fall würde ich mich in die diversen Lusthäuser, Erotiktempel und Lasterhöhlen der Stadt begeben, um daraus eine schnöde Geschichte zu generieren. Selbst Einladungen wie die der wunderbaren Ulli Lust mussten gnadenlos scheitern. Die Comic-Reporterin Ulli hatte mich »zu Recherchezwecken« eingeladen, sie auf eine Fetischparty zu begleiten, um darüber zu berichten. Bereits nach kurzem Nachdenken stellte ich es mir allerdings absolut lächerlich vor, die Recherche für ein Buchkapitel über Erotik in Berlin im berüchtigten Kitkat-Club zu verbringen, zumal es ja mein erster Besuch in einem mir völlig unbekannten Biotop gewesen wäre und ich mir, trotz einer gewissen Neugier, nur schmerzhaft vorzustellen vermochte, wie meine erotischen Geh- und Stehversuche in Lack und Leder wohl aussehen würden.

Ich wollte, wie gesagt, nichts Erotisches suchen

gehen, das Erotische sollte mir begegnen, denn das ist mein Anspruch, sowohl an die Erotik als auch an die Liebe. Man sucht sie nicht, sie findet einen.

Durch die weit geöffneten Fenster meiner Erinnerungen fliegen die gespeicherten Bilder außergewöhnlicher Momente: In der Wüste Ägyptens, als meine damalige schöne Berlinerin und ich uns von einem Beduinen in eine winzige Oase ohne Namen, weit draußen in der Sahara, fahren ließen, und wir uns, nachdem der Fahrer uns verließ, völlig alleine in einer unfassbar ruhigen Landschaft wiederfanden. Irgendwo in der Nähe von Baharia, ein Thermalwasser-Teich inmitten weniger Palmen, am Horizont schneeweiße Kraniche, das Prickeln des perlenden Wassers in unseren Rücken, die Liebe danach auf einem kleinen Vegetationsteppich, mit nichts mehr bekleidet als einer blauen Satindecke aus ägyptischem Himmel.

Natürlich waren solche magischen Momente auch in Berlin möglich. In einem Bootshaus am Müggelsee, auf einer Dachterrasse in Mitte (plus Sonnenuntergang), lange Zeit sogar im Außenbecken einer öffentlichen Thermalanlage mitten in der City, hoch oben über den Dächern Berlins. Auf keinen Fall wollte ich mich aber nun in die auch in diversen Fernsehkanälen immer wieder gezeigten Niederungen der Berliner Lusthäuser begeben, die allzu oft nur äußerst profan oder dümmlich-rustikal und deftig daherkommen.

An einem milden Herbsttag war es dann endlich so weit. Die Erotik hatte mich tatsächlich gefunden. Mitten in Berlin. Sie begrüßte mich allerdings nicht in Lack und Leder, sondern, wie sollte es auch anders sein, an einem sehr berühmten Berliner Bratwurststand.

Als ich aufgrund eines knurrenden Magens an jenem Oktobertag den weltberühmten Curry-36-Wurststand am Mehringdamm aufsuchte, bemerkte ich dort einen selbst für diesen populären Ort sehr ungewöhnlichen Menschenauflauf. Von einer euphorisierten Gruppe junger Männer erfuhr ich, der weltweit berühmteste Pornostar esse hier gerade Wurst. Leider war aufgrund der gewaltigen Menschenmenge nichts vom heiß begehrten Pornostar zu erkennen, bei dem es sich, da war ich mir sicher, nur um eine pralle Blondine, oder aber um eine langbeinige Brünette handeln konnte, die beiden einzigen stereotypen Bilder, die mir auf die Schnelle in den Kopf schossen.

Als selbst auferlegtes retardierendes Moment gönnte ich mir vor dem Interview mit der Pornoqueen noch zwei sagenhafte Imbissspezialitäten des Curry 36, um diesen überraschenden Triumph gebührend zu feiern, und bestellte die kulinarischen Klassiker:

»Bio-Curry ohne Darm, dezent scharf bitte, auf Extrapappe, dazu 'ne Thüringer mit einem Hauch Senf und Pommes, ohne rotes Würzsalz bitte, nur mit einfachem weißen Salz und einem Klacks Mayo.«

Eines der markantesten Merkmale des Curry 36 besteht darin, dass hochkomplexe Ansagen, die gerne auch in genuscheltem Französisch daherkommen dürfen, selbst zu nächtlicher Stunde von der stets hellwachen Crew des Imbissstands sofort verstanden und auch motorisch aufs Allerfeinste blitzschnell umgesetzt werden.

»Weiß einer von euch, welche Schönheit sich hier inmitten der Menschentraube verbirgt?«

»Schönheit?«, der Currywurstverkäufer schaute mich verständnislos an. »Schön, das war wohl mal, das muss lange her sein.«

Der Vorteil von Lebensmitteln, die mit reichlich Sauce ausgestattet sind, besteht ja darin, dass man mit ihnen in Berlin problemlos schnell durch Menschenmengen kommt, da sich diese Menschenmeere bei Saucenalarm teilen und wieder schließen. Ich kam mir vor wie ein Curry-Moses. Ein Curry-Moses auf der Suche nach einer guten erotischen Geschichte, die sich hinter dem Menschencluster hier irgendwo verbergen musste.

Als ich mich durch die Menge gekämpft hatte, sah ich einen sehr dicken kleinen Mann mit sehr langen, fettigen Haaren, der in einem Irrsinnstempo drei, vier, fünf Würste beidhändig mit riesigen Mengen Pommes Frites in sich hineinschaufelte.

»Entschuldigung, das da ist der berühmte Pornostar?«

»Na klar, kennst den nicht? Der berühmteste männliche Pornodarsteller der Welt überhaupt. Kommt aus Amerika. Alt isser jetzt, aber den siehst du nicht nur in Retro-Pornos, der dreht immer noch Filme.«

Das also sollte nun der Protagonist meiner erotischen Berliner Geschichte werden? Ein kugelrunder, feister, lauthals schmatzender Amerikaner mit fettigen, angeklatschten Haaren.

Nach einigen weiteren Erkundigungen fand ich

den Manager jenes Erotikdarstellers, der mich sogleich zur Venus-Erotikmesse einlud und mir ein Interview mit jenem sagenhaften Pornostar namens Ron Jeremy versprach, wenn ich denn auch den Adult Rum seines Schützlings in meiner Geschichte angemessen würdigen könnte.

Dank meines Wiener Verlegers erhielt ich problemlos und schnell die Akkreditierung zu jener Berliner Erotikmesse, auf der Ron Jeremy natürlich nicht nur für »erwachsenen Rum« sondern auch für seine diversen Filme warb. Doch beim Schlendern durch die tristen Hallen der Venus-Messe sah ich als einziges erwähnenswertes Kuriosum zwischen aufgespritzt-dicklippigen und mit reichlich künstlicher Brust versorgten Pornosternchen einen nackten älteren Herrn, samt riesigem rosa Plüschhut, der seinen rosafarbenen Naturpinsel in die Farben seiner Palette tupfte, um eine vor ihm sitzende Frau zu porträtieren. Genital-Art nannte er diese Kunstform. Ob er seinen Penis, wie seine anderen Pinsel auch, danach in Terpentin reinigte, wollte er mir nicht verraten. Die Suche nach einer erotischen Geschichte nahm jedenfalls in den Messehallen der Venus immer groteskere Züge an.

Nachdem mir dann der Pornostar Ron Jeremy draußen zwischen den Messehallen eine Flasche Rum signiert hatte (die ungeöffnet immer noch in meiner Hausbar auf einen großen Tag wartet), mich danach für diverse Fotos seines Managers in die Wange kniff und auf reichlich unamerikanische Weise küsste und herzte, hatte ich endlich begriffen: Hinter dieser außergewöhnlichen Entdeckung des Pornostars am Berliner Bratwurststand verbarg sich keine aufregende Geschichte. Never ever. Ron Jeremy erzählte mir sicherlich keine Neuigkeiten, als er mir berichtete, wie seine damalige Freundin ein Foto seines besten Stücks an die Zeitschrift *Playgirl* schickte und so von heute auf morgen aus dem unbekannten Lehrer Ron Jeremy ein Star wurde: Ron Jeremy, der Mann mit dem längsten Arbeitsgerät der Branche. Meine Reportage, da war ich mir sicher, würde nun hier, in den heiligen Hallen der Venus-Messe in Berlin-Charlottenburg, reichlich unspektakulär endlich an ihr Ende kommen. Ins triste, nackte Nichts stürzen.

Ich muss zugeben, dass ich zutiefst enttäuscht war vom miesen Verräter namens Schicksal, das mir den berühmtesten männlichen Pornodarsteller nach Berlin schickte, dafür sorgte, dass ich ihn am famosen Imbiss Curry 36 traf, nur, um mich am Ende meiner Recherche mit diesen lächerlichen Fotos zurückzulassen, die sein Manager von mir geschossen hatte. Na wunderbar. Der Pornostar Ron Jeremy zwickt und kneift den Autor Remus an Stellen, die er wohl als Einziger für erotisch hält und sagt zum Abschied mit homoerotisch gehauchter Stimme:

»Hey Josh, make a good story out of it.«

Ja. Würde ich ja gerne. Was aber ist eine gute erotische Geschichte? Und wo in drei Amors Namen sollte sie mich tatsächlich noch finden? Eine erotische Geschichte mit eigenem Berliner Kolorit sollte es ja sein.

Begeben wir uns fürs Happy End noch einmal an den Bratwurststand zurück. Denn die erotische Geschichte verbarg sich eben nicht auf jener Sexmesse, sondern erschien in Gestalt einer jungen, begabten Fotografin namens Ava Pivot an jenem Currywurststand. Ava Pivot, die in Begleitung ihrer bezaubernden Weimaranerhündin Frau Fruggel ebenso rein zufällig den Weg zum Bratwurststand gefunden hatte wie ich, bat mich herzlich, sie auf einer ihrer erotischen Missionen zu begleiten, denn sie fotografierte ihre Modelle an verlassenen Orten Berlins. Aber sie bat mich auch, sie in einer eventuellen Geschichte auf keinen Fall mit den vorhin geschilderten pornografischen Absurditäten der Venus-Messe in einen Topf zu werfen. Denn Ava Pivot watet nicht durch die Niederungen banaler Pornografie. Sie macht edelste erotische Fotografie – und zwar vom Feinsten. Und diese Bilder, die unter anderem in Magazinen wie dem *Stern* und der *Vogue* erscheinen, haben rein gar nichts mit der vulgären Erotik einer Sexmesse zu tun.

Die Fotokünstlerin Ava Pivot zaubert mit Licht. Sie kleidet ihre Modelle in Cellophan, sie umwickelt sie mit feinen Tüchern, sie sprüht sie mit Wasser ein. Ava, die Aktfotografin, die ich am Bratwurststand Curry 36 traf. Die Stadt Berlin ist für sie steter Quell erotischer Inspiration. Eine Stadt, die einer wie ihr die vielfältigsten Locations anbietet. Eine freie, sehr libertäre Stadt. Eine mit unendlich vielen Freiräumen.

»Nur in Berlin kann ich so frei als Aktfotografin draußen arbeiten. Wenn sich eines meiner männlichen oder weiblichen Modelle in der Stadt mitten auf der Straße entkleiden will, so kann man das in Berlin relativ problemlos tun. Da regt sich kaum jemand auf. Die Leute lächeln uns sogar an oder zwinkern uns aufmunternd zu. Auch wenn ich Schauspielerporträts erstelle, freue ich mich, wie unproblematisch es ist, in Berlin eine gute Location und freundliche Passanten zu finden. In anderen Metropolen ist das fast unmöglich.«

Berlin, so Ava, sei eine einzige große Spielwiese, nicht nur draußen im Freien. Erotische Spielwiesen finden in dieser bemerkenswerten Stadt auch im Innern ihre Fortsetzung. Ava macht ihre Shootings in zerfallenden Häusern, sie kennt geheime Stellen, an denen sie sich mit ihrem Lieblingsmodell, das sie ihre Muse nennt, fotografisch voll ausleben kann.

»Seien es Ruinen oder ein verlassenes Krankenhaus, Berlin bietet diese einzigartige Patina, die man als Fotografin braucht, um wirklich gute Fotos zu machen. Und dieses milde, wunderbare Berliner Licht. Es ist selten sehr grell.«

Eines ruhigen Tages im Sommer ging Ava mit ihrem Lieblingsmotiv, ihrer Muse, zu einem Shooting an einen See. Das einzige potenzielle Problem waren einige Angler, die hier vielleicht nichts anderes als ihre Ruhe haben wollten.

»Entschuldigung, würde es Sie stören, wenn wir hier ein paar Bilder machen würden? Ich heiße Ava Pivot und das hier ist mein Modell. Sie wird sich für diese Bilder allerdings ausziehen.«

»Ne, nich wa Kutte, det macht uns beiden nichts mehr aus. Zieh da ruhig aus Mädel, dat sehn wa locker. Und wir sehn det ooch gerne.«

Die freundlichen Angler hatten also nichts gegen das Fotoshooting und würden demnach auf keinen Fall miese Stimmung verbreiten. Avas Modell räkelte sich splitternackt im Wasser des Sees und schmierte sich mit dem am Ufer liegenden Schlamm ein. Es entstanden wunderbare Bilder, auf denen sich dieser Schlamm als dünne, dunkle Haut über die Beine und die Hüfte der Muse legte. Sehr ausdrucksvolle, erotische Bilder, in denen der Kontrast zwischen dem Schwarz des Uferschlamms und der weißen Haut des Modells eine gelungene Melange ergibt.

Die Angler schauten sich die Fotosession in Ruhe an, schmunzelten, warfen sich ab und an kennerhafte Blicke zu, als einer von ihnen dann nach dem Shooting zu Ava und dem Modell hinüberrief: »Hey Mädels, ihr wisst aber schon, dat det hier keen Fango is, wa? Dat womit se sich eben so schön einjeschmiert haben, is det Produkt, wat hinten aus dem Po von schlammgründelnden Schwänen rauskommt. Is also nüscht weiter als ordinäre Schwanenkacke. Det geht ganz schlecht ab und man stinkt mindestens noch zwei Tage danach.«

Sicherlich sind die wunderbaren Bilder, die an diesem Tag in Berlin an jenem See bei den Anglern entstanden sind, nicht vordergründig der Schwanenkacke als vielmehr der großen Kunst der Fotografin zu verdanken. Wer möchte, kann sich auf Ava Pivots Webseite überzeugen, wie sinnlich und ausdrucksstark die Bilder geworden sind.

Die wunderbare Welt der Frau Findevogel

Vom Madenautomaten und Klingeltöne imitierenden Singvögeln

Neben den üblichen Haustieren, zu denen in Berlin dank eigener statistischer Erhebungen im Kleinanzeigenteil diverser Magazine neben Hunden, Katzen, Wellensittichen, Fischen und Hamstern auch wandelnde Blätter (eine Insektenart) und Achatschnecken zählen, finden auch wilde Tiere wieder zunehmend Gefallen an der Hauptstadt. So versuchen sich Villenbesitzer in den Berliner Randbezirken zwar mit hohen Mauern gegen sie zu schützen, staunen dann aber doch immer wieder über pfiffige Füchse und Dachse oder gar Wildschweine, die sich in ihrem frisch bewässerten Vorgarten suhlen. Die unbewohnten Mauerstreifen der Hauptstadt waren über Jahre hinweg ein bevorzugtes Revier der Stadthasen und sind es teilweise heute noch. Der sehenswerte deutsch-polnische Film »Mauerhase«, der sich dem Schicksal der Hasen im ehemaligen Todesstreifen widmet, wurde sogar für den Oscar nominiert.

Die allerdings am besten dokumentierten Tiere Berlins sind die Vögel. Neben den Vorzügen, die ihnen die riesigen Freiflächen, Waldgebiete und Gewässer bieten, wissen viele der Vögel vor allem die Biergärten und Imbissbuden der Spree-

Metropole zu schätzen. So ist Berlin, was die schiere Anzahl betrifft, nicht nur Menschen-, sondern auch Spatzenhauptstadt Deutschlands. Über hundertzwanzigtausend Brutpaare kümmern sich hier jährlich um den Nachwuchs. Allein im zweitgrößten Park der Stadt, dem Großen Tiergarten, brüten jährlich über vierzig verschiedene Vogelarten. Selbst Kanadagänse und Silbermöwen haben Berlin mittlerweile für sich entdeckt, wobei die Kanadagänse zugegebenermaßen Anfang der achtziger Jahre aus einer Vogelhaltung am Tegeler See einfach ausgebüxt waren und seitdem fast sämtliche Gewässer der Stadt eroberten.

Nach einem langen Winter schlendere ich durch die ersten Sonnenstrahlen, um meinen Vitamin-D-Speicher wieder aufzufüllen, und höre den ersten Frühlingsboten zu. Was auffällt: Es gibt keine Schmetterlinge mehr. Noch in den Achtzigern flatterten Tagpfauenaugen in Scharen über die Spandauer Felder und im Görlitzer Park umher. Ausgerechnet die milden Winter sollen ihnen nun den Garaus gemacht haben, da kurzfristiger plötzlicher Frost die Larvenbestände abtötet. Die Klimaforscher aus Potsdam sollten sich entscheiden, ob die Verschiebung der warmen Klimazonen nach Norden inklusive tropischer Träume mit Palmenbestand, wuchernden wilden Kakteen und exotischen Großschmetterlingen, die man den Berlinern versprochen hatte, wirklich wahr werden. Dem Berliner gehen die Winter und Frühlinge, die sich nicht entscheiden können, was sie denn nun sind, tierisch auf die Nerven. Auch frage ich mich, was man als Hauptstädter mit all den Vögeln machen sollte, die im Stadtgebiet so gefunden werden. In Istanbul habe ich einst ein Storchenhospital entdeckt, das sich malader Tiere annahm. Ob es wohl in Berlin eine ähnliche Institution gibt?

Natürlich, sagt mir Sabine Reinders, deren bester Freund Sebastian im Wedding jemanden kennen würde. Eine gute Seele für die Vögel der Hauptstadt sozusagen.

Bevor ich bei jener berühmten Frau Findevogel vorbeischaue, mache ich im Wedding noch einen Abstecher zum Madenautomaten. Meines Wissens ist es der einzige Madenautomat Berlins, wenn nicht sogar Europas. Die Leser meiner Neuseelandbücher werden die Prozedur kennen, die zu einer proteinreichen Mahlzeit führt, indem man sich sogenannte Huhu-Larven frisch aus dem meist morschen Holz klopft. Nach einer tagelangen Wanderung durch die menschenleere Wildnis konnte ein Wissen darüber, wo die Maden wohnen, durchaus lebensnotwendig sein. Aber in Berlin? Was machen die Maden in diesem alten Kasten in der Tegeler Straße, der nur Eineuromünzen schluckt? Die kulinarische Finesse, die ich in Thailand, Kambodscha und eben Neuseeland kennengelernt habe, die Maden kurz zu frittieren und zu würzen, um ihren (angeblich) nussigen Charakter herauszukitzeln, dürften Berliner kaum kennen. Und so sind es denn Angler und, viel seltener, Vogelfreunde, die dieser skurrilen Berliner Sehenswürdigkeit einen Besuch abstatten. Vom Madenautomaten sind es nur zehn Fußminuten bis zu Frau Findevogel. Sebastian lernte sie kennen, als er einen Buntspecht im Grunewald gefunden hatte, der, wie Frau Findevogel mir später sagte, bereits die Grätsche machte.

Schon wenn man die Stufen des Seitenflügelhauses hochsteigt, erklingt der Gesang, das Gekreisch und Gekrächze der zahlreichen Vögel von Frau Findevogel, die mit bürgerlichem Namen Annedore Langner heißt. Insbesondere die beiden Graupapageien Jacko und Coco (Letzterer trägt bauchfreie Mode) übertönen dezibelmäßig alle anderen Vögel bei Weitem. Zur Begrüßung singen sie ein Lied aus dem Film »Die Brücke am Kwai«, das die meisten allerdings aus einer Spirituosenwerbung kennen, die einen dazu auffordert, mit auf den Underberg zu kommen. Jacko und Coco wippen zum Underberg-Lied rhythmisch mit den Flügeln. Eine wahre Augenweide, die einen binnen kürzester Zeit in ein Vogelwunderland verfrachtet. Frau Findevogels schicksalhafte Odyssee führte sie einst vom Frauenhaus direkt auf hohe See (von wo aus sie erfolgreich Flaschenpost verschickte) und letztlich in einen über dreißigjährigen Pflegedienst. Bei meinem ersten Besuch war sie noch auf der Suche nach größeren Räumlichkeiten. Denn ihre Wohnung Federland im Wedding war sichtbar zu klein für die ganze dort residierende Vogelschar. Die Berliner brachten alles zu ihr, was Schnabel und Federn hatte oder einstmals fliegen konnte. Nun wohnt hier neben Jungkuckucken, Wacholderdrosseln und Ringeltauben unter anderen auch eine Zwergfledermaus. »Die Stadt«, sagt Frau Findevogel, »holzt gnadenlos ab. Der Heidelberger Platz ist jetzt fast kahl. Buchsbaumhecken verschwinden, im Wedding werden alte Platanenbestände gerodet. Es gibt kaum mehr Dohlen oder Nebelkrähen, die aufgrund fehlender Brutplätze in die Uralregion abwandern.«

Von der Meise bis zur Waldohreule ziehe sie im Jahr über vierhundert Vögel auf. In der Saison von Mai bis September sei das ein knallharter Neunzehnstundentag. Eine Irrsinnsschufterei sei das bis zur Auswilderung. Die Tierärzte der Region verweisen inzwischen auf Frau Langner, wenn Berliner wieder irgendwo einen Vogel finden. Aus den Volieren in den Räumen ihrer Wohnung kommt ein Lärm, als wäre man mitten im Dschungel. Ein Seidenhuhn namens Trulla Himmelblau erweist sich als kompetente Lehrerin für wilde junge Tauben, denen es das Picken beibringt. Im Flur hängt ein Bild von einem gepflegten Schwan namens Tannhäuser. Die Gefangenen der Justizvollzugsanstalt Tegel sammeln bei ihren Rundgängen massenhaft junge Entlein ein, die dann zeitweise unter der Dusche Frau Findevogels Asyl finden. Wieso ausgerechnet im Gefängnis so viele Enten und Gänse gefunden werden, wird einem klar, wenn man bedenkt, dass Gänse seit je wesentlich bessere Wachtiere abgeben als Hunde.

Neben den Gefahren der Großstadt gibt es für viele Vögel, insbesondere für imitationsfreudige Sperlingsarten, auch zunehmend irritierende Faktoren, die ein Leben in Berlin zu einer zunehmend frustrierenden Angelegenheit machen. Männliche Singvögel, die ihr natürliches Habitat verlassen haben, um im künstlichen Agglomerat zwischen Spandau und dem Müggelsee zu nisten, versuchen von Jahr zu Jahr zunehmend verzweifelter, ein zu ihnen passendes Weibchen mit einer schönen Melodie anzulocken.

Um gegen den Stadtlärm möglichst originell und laut anzusingen, verfallen Berliner Sperlinge vermehrt auf den Trick, einfach Melodien von Handy-Klingeltönen zu imitieren. Ein notwendigerweise zur Frustration führender Versuch. Denn die so umworbenen Sperlingsweibchen sind bereits allzu häufig auf schöne Original-Handy-Klingeltöne hereingefallen, ohne dass sich, auch bei aufwendigster anschließender Suche, dahinter ein attraktives Vogelmännchen verborgen hätte. Und so reagieren Sperlinge und andere Singvögel zunehmend genervt auf die akustische Endlosschleife der werbenden Handy-Melodien ihrer ebenso verzweifelten potenziellen Partner.

Doch für Frau Findevogel gab es schließlich noch ein Happy End. Kurz vor der Fertigstellung dieses Buches hat sie ihre Wohnung Federland verlassen können und ihr Traumhaus gefunden. Ein Haus am See, samt mit Knöterich bewachsenem Rundbogen, eigenem Wunschbrunnen und einem Geweih unterm Giebel. Eine Villa Findevogel.

Eine wahre, wenn auch sehr verrückte Geschichte: Eine kluge Waldwachtel spazierte einst, aus einer inneren Notlage heraus, im Stadtteil Rehberge schnurstracks in eine Apotheke, um dort im Schaufenster als kränklicher Herr Wachtelhahn auf sich und seine prekäre Situation aufmerksam zu machen. »Die kluge Waldwachtel«, so Annedore Langner, »könnte jetzt gleich die Villa Findevogel ansteuern. Ach, ich glaube mir wachsen Flügel.«

Schlemmen wie im Paläolithikum

Von wegen Höhlenkost und Steinzeitküche

Georg Nakani hat keine Augenwülste. Nein, die hat er nicht. Und übermäßig aggressiv tritt Georg auch nicht auf. Sein Händedruck ist so kräftig wie seine georgische Stimme. Sein Auftreten ist selbstsicher. Sein Gang federnd, seine Augen glänzend, sein Blick sanft. Georg hat so viel Energie wie zehn Tänzer im Club Berghain. Aber Augenwülste hat er nicht, auch wenn manche, die seine paläolithische Lebensweise lächerlich finden, das behaupten. Georg liebt das Wilde, das Ursprüngliche, und man fragt sich unweigerlich, warum so ein Urviech wie Georg in der Stadt wohnt. In Berlin. Weil ich ein Anhänger der Paleo-Bewegung bin, sagt er dann, und weil man in Berlin wunderbar nach paläolithischer Art leben kann. Der ehemals hundertsechzig Kilogramm schwere Mann zeigt mir ein Foto, auf dem ich ihn überhaupt nicht wiedererkenne. »Das war vor fünf Jahren. Seitdem habe ich fünfundachtzig Kilo abgespeckt.« Heute ist Georg, der ehemalige Banker aus Tiflis, athletisch, schlank und rank und völlig austrainiert. Auf dem alten Foto sieht er aus, als hätte er einen riesigen Ballon verschluckt.

Georg Nakani war seit drei Jahren nicht mehr krank. Nicht dass dies für einen achtunddreißigjährigen eine herausragende Leistung wäre, aber man nimmt es ihm ab, wenn man ihn jetzt so sieht. Wie mich früher das gesunde Aussehen und die makellose Haut von Hare-Krishna-Anhängern vor ein Rätsel gestellt haben, verblüfft mich nun Georgs makellos gesunde Erscheinung. Gibt es eine gemeinsame Schnittmenge zwischen der Kost von Vegetariern, die an einen Himmel mit tanzenden Kühen glauben, und den Anhängern einer Urzeitbewegung, die liebend gerne jede Menge gutes Fleisch verzehren und als Paleo-Bewegung in Berlin immer mehr Zulauf erhalten?

»Ja, die gibt es«, sagt mir schmunzelnd Boris Leite-Poço vom Restaurant Sauvage in Berlin-Neukölln. »Sowohl die Küche der Hare Krishnas als auch die der Paleo-Bewegung verwenden zum Braten keine überhitzten Öle und gehärteten Pflanzenfette, sondern ausschließlich Ghee, ein gesundes Butterfett. Das spielt eine große Rolle, um so gut auszusehen wie wir.«

Georg Nakani, der Athlet, der seit einigen Jahren schwere, riesige Steine stemmt, täglich im Görlitzer Park einige Sprinteinlagen absolviert und mehrmals im Jahr in Georgiens Bergen mit Pfeil und Bogen auf die Jagd geht, hat mir das Berliner Restaurant Sauvage empfohlen. Das erste Restaurant der Welt, das sich ganz und gar der paläolithischen Küche verschrieben hat. Wer dabei jedoch an primitive Höhlenkost denkt, liegt völlig falsch. Das Sauvage ist ein Gourmetrestaurant. Das gegrillte Filet Mignon vom Weidevieh wird zwei Tage lang in einem Lakritz-Kräuterknochenjus mariniert und mit einem knusprigen Häubchen aus Macadamia-Crumble und Maniokpüree als Beilage serviert. Die Jakobsmuscheln mit Limettenperlen, Avocado und Wildkräutern lassen keine Sekunde an eine primitive Steinzeitküche denken. Richtig urig schmecken die Cracker und Brote, die allesamt ohne jedes Getreide gemacht sind, und auch die kräftigen Pestos und Chutneys, bei denen man Nüsse und Früchte herausschmecken kann.

Boris und sein kongenialer Partner und Ehemann Rodrigo gehören zu den besten Köchen der paläolithischen Küche überhaupt. Das einstige Neuköllner Bordell Rubin haben sie in einen Gourmettempel verwandelt, in dem sie heute eine sehr edle und aufwendige Art der Kochkunst pflegen. Man stelle sich einmal eine Küche vor, die auf viele Errungenschaften der Zivilisation völlig verzichtet. Also auf alle Getreide, auf viele Milchprodukte, auf alle Hülsenfrüchte, vor allem aber auf Zucker. Eine Küche, die dennoch den modernen Gaumen verzaubert. Alles ist selbst zubereitet, von den Crackern aus Samen, Gemüsen und Nussmehlen über die urzeitliche Knochenbrühe bis hin zu den Mousses und raffinierten Chutneys. Das Fleisch, der Wildlachs, der Hering, alles stammt aus Wildhaltung, immer aber aus biologischer Zucht.

Boris und Rodrigo sehen ebenso kerngesund aus wie Georg Nakani und leben rigoros ihre paläolithische Lebensweise, die in der Hardcore-Version auch ein sehr einfaches Leben und Wohnen anstrebt. Als sie ihr Restaurant renovierten, haben sie sogar in der Küche geschlafen. Allerdings nicht aus Gründen der paläolithischen Philosophie. Vielmehr hatten Boris und Rodrigo ihr sämtliches Geld in das Projekt Sauvage gesteckt und alles auf diese eine Karte gesetzt. So konnten sie sich zu Beginn auch kein teures Dinosaurierskelett leisten und bastelten sich darum eins aus Pappmaché. Das war dann aber derartig gut gemacht, dass ein Gast tatsächlich nachfragte, ob das Skelett echt sei.

Der Opernsänger Laurent Martin hat sich abends im Sauvage zu uns an den Tisch gesellt. Auch er schwört auf die paläolithische Kost, die gerade in seiner schwierigen Kunst für die notwendige Ausdauer, Kraft und ein prächtiges Stimmvolumen sorgt. Laurent Martin, der mit seinem durchtrainierten, aber schlanken Körper so ganz und gar nicht an Herrn Pavarotti erinnert, reiht sich mittlerweile in die länger werdende Liste meiner »paläolithischen« Bekannten ein, zu der neben meinem Apotheker auch mein Rechtsanwalt zählt.

Doch wer aufgrund der Aufzählung denkt, für die Paleo-Bewegung würden sich nur Männer interessieren, irrt gewaltig. Der führende Kopf der Bewegung ist eine Frau. Natürlich ist auch die Molekular- und Evolutionsbiologin Dr. Sabine Paul gertenschlank und hat diese glänzenden Augen. Die Küche, die sie propagiert, ist zwar lecker, kann sich mit den kulinarischen Köstlichkeiten des Restaurants Sauvage jedoch nicht messen. Sterneküche in der Schlemmerhöhle, könnte man sagen.

Die Vorspeisen, die auf einer Jäger-Sammler-Schieferplatte gereicht werden, sind erlesen und köstlich. So muss der paläolithische Himmel schmecken. Kleine ästhetische Reminiszenzen an die Urzeit. Die gerösteten Cracker aus Vitelotte, der blauen französischen Trüffelkartoffel, sind raffiniert in den fermentierten Mandelkäse gesteckt und sehen mit ihrer Rautenformation aus wie kleine Knochenpanzer auf dem Rücken eines Stegosaurus. Das edle Fasanenpaté, die feine Oliventapenade, ein kräftiges Chutney-Mousse aus roten Zwiebeln und Karotten. Dazu Goldene Beete, Thai-Aubergine und marinierte breite Bohnen.

Was spielt es für eine Rolle, ob das Weidelamm mit Vitelotten, Pinienkernen und lactofermentiertem Daikon sehr reich an essenziellen Mineralien ist, wie es auf der Speisekarte heißt. Es schmeckt göttlich, das reicht.

Seit einigen Wochen biete ich nun auf die entbehrungsreiche Art dieser vorzeitlichen Höhlenkost den Zivilisationskrankheiten die Stirn. Und das Schönste daran, dank der köstlichen Steinzeit-Diät purzeln die Pfunde. Acht Kilo sind runter, meine Verleger werden mich auf der nächsten Buchmesse nicht wiedererkennen. Allein das in paläolithischen Ratgebern empfohlene periodische Heben schwerer Gewichte und Gegenstände sowie die über den Tag verteilten schnellen Sprinteinheiten und das Bogenschießen musste ich mir aus orthopädischen Gründen verkneifen. Wunderbar, eine der weltweit so seltenen prähistorischen Schlemmerhöhlen direkt vor der Haustür zu haben. Wer hätte gedacht, dass der Urgeschmack und die Höhlenmenschen-Diät dank eines von einem Belgier und einem Brasilianer günstig erworbenen Bordells ausgerechnet in Berlin-Neukölln eine Heimat findet. Des Mammuts Wege sind halt unergründlich. Apropos Mammut.

Man schmilzt also dahin wie ein Schneemann im Berliner Sommer. Mein Gang ist federnd. Meine Augen glänzen. Meine Muskeln wachsen ohne großes Zutun. Und das Beste an der prähistorischen Kost ist diese unglaubliche Energie. Wohin also damit? Georg Nakani, mein befreundeter georgischer Athlet, schien meinen Zustand erraten zu haben und fragte telefonisch an, ob ich ihm nicht beim Renovieren helfen könnte. Aus rückentechnischen Gründen musste ich zwar leider absagen. Doch wollte ich mir unbedingt ansehen, wie und wo der Vagabund Georg in Berlin nun endlich sesshaft wird. Als ich Georg in seiner neuen Kreuzberger Wohnung besuchte, war er frisch am Tapezieren. In einem Zimmer strich er mit der Bürste gerade eine Tapetenbahn glatt. Sein Bizeps und seine Unterarmmuskeln glänzten in der durchs Fenster flutenden Sonne, und auf der sattgelben Tapete spazierten Hunderte von kleinen putzigen Mammuts mit erhobenem Rüssel über die Wand. Vielleicht wird dies ja Georgs Kraftraum, dachte ich mir. Klar: Sein Totemtier ist das Mammut. Und wenn schon, dann sollen es gleich viele davon sein. Andererseits: Könnte es sein, dass diese strahlend gelbe Tapete voller kleiner Plüschmammuts nicht ein Anzeichen einer fortschreitenden Verkindlichung des Gehirns aufgrund einer übertriebenen Form paläolithischer Ernährungs- und Lebensweise ist?

Noch bevor ich Georg die dazu passende Frage stellen konnte, sagte er nur knapp: »Bevor du jetzt etwas Dummes sagst, das hier wird das Kinderzimmer für meine Tochter Anna. Sie liebt Mammuts. Kapiert?«

Die Gedankenleser

Das Geheimnis des freien Willens und der verborgenen Stecknadel

Das Soho House ankert wie ein riesiger Ozeandampfer mitten in der Stadt. Weithin sichtbar, glänzend-schimmernd, direkt an der Torstraße. Die weißen Sonnenschirme hoch oben auf der Dachterrasse spannen sich wie große Segel vor einem lichtblauen Himmel. Vom geräumigen Deck dieses weißen Clubschiffes hat man eine wunderbare Aussicht auf die Häuserwellen Berlins. Der Mentalmagier Jan Becker hat mich zum Gedankenaustausch auf die Dachterrasse des Soho House eingeladen. Und bei ihm, dem es gelingt, mit sanfter Stimme Menschen in hypnotische Zustände zu versetzen, in denen sie sogar ihren eigenen Vornamen vergessen, bekommt das Wort Gedankenaustausch einen besonderen Klang.

Jan Becker ist ein Mann mit einem ruhigen Händedruck, einem sehr entspannten, freundlichen Gesicht. Ein Mensch mit einer angenehmen Eleganz. In seine klare, weite Stirn schwingt nichts als eine einzige dunkle Haarsträhne. Er strahlt Ruhe aus und Klarheit. Während ich meinen hedonistischen Gedanken nachhänge und mir vorstelle, wie gerne ich jetzt in den Außenpool der Dachterrasse springen würde, um von dort die Aussicht über die Stadt zu genießen, breitet sich über Jan Beckers Gesicht ein verständnisvolles Lächeln aus. Mein kurzer Blick zum Pool hat mich sicherlich verraten. Vor unserem vereinbarten Gedankenaustausch, für den es, wie man noch sehen wird, eigentlich keiner Worte bedarf, wollte Jan Becker noch kurz mit mir sprechen. Doch hier oben zerzaust der Wind nicht nur die Wolken und Haare, sondern raubt auch sämtliche Worte, oder wischt die eigentlich fürs Mikrofon gedachten einfach weg. Und so lümmeln wir uns leider nicht ins samtene Veroneser Grün der wunderbaren Sofas in der Lounge, sondern gehen für unser Gespräch und unseren Mentalversuch nach unten in einen leeren Clubraum, an eine Bar, die so früh am Morgen noch nicht geöffnet ist.

Vor einiger Zeit hat Jan Becker die Hauptstadt in Erstaunen versetzt, als es ihm unter notarieller Aufsicht gelang, eine von einer beliebigen Person in Berlin versteckte Nadel wiederzufinden. Nur aufgrund seiner mentalen Kräfte. Eine winzige Nadel in einer Millionenstadt. Keine Nadel in einem lächerlichen Heuhaufen. Man stelle sich das einmal vor. Wie schön wäre es, dachte ich mir, hinter sein Geheimnis zu kommen. Gerne habe ich das Angebot von Jan Becker angenommen, das Stecknadel-Experiment selbst einmal zu erproben. Zu erleben!

Für den Versuch müssen wir uns nicht in den Häuserdschungel Berlins begeben. Ich verstecke einfach eine imaginäre Nadel gedanklich irgendwo in diesem riesigen Clubraum. Ich bitte Jan Becker, sich umzudrehen und lege also meine gedachte Nadel mit meinem Blick dort hinten im Regal, zweite Reihe, zwischen einem edlen Cognac und einem irischen Whiskey, ab. Als sich Jan Becker zu mir gedreht hat, schaue ich bewusst in eine völlig andere Richtung, um das Versteck nicht zu verraten.

Ohne ein Wort nimmt Becker ganz entspannt mein Handgelenk und schwingt meine Arme einige Male hin und her. Mir ist, als lauschte er nicht mit den Ohren, sondern mit seinen Händen. Er hält die Augen geschlossen, lässt aber mein Handgelenk nicht los. Der Gedankenleser ist also in Wirklichkeit ein Handleser, einer, der durch bloßes Erspüren an den gewünschten Ort geführt wird. Ein Pulsleser meines Körpers, der ihm das Versteck durch winzige Bewegungen verraten wird. Führt Becker mich in die falsche Richtung, merke ich, wie mein Körper kurz, fast unmerklich zuckt, ein kleines Zeichen der Rebellion von sich gibt. Unbewusste Widerstände kann Jan Becker ebenso mit den Händen lesen und richtig deuten wie kleine, nur gedachte Freuden. Bei Beckers Kunst handelt es sich gar nicht um Gedankenlesen, schießt es mir durch den Kopf. Doch dann stehen wir bereits vor dem Regal mit dem Cognac und Whiskey. Ich solle mir nur noch kurz die Höhe vorstellen, in der meine gedachte Stecknadel liegt, bittet mich Jan Becker. Ich senke den Kopf, denke kurz darüber nach, ob ich ihn nicht einfach reinlegen und fest an den Fußboden denken soll. Jan Becker schmunzelt und schüttelt leicht mit dem Kopf. »Nein, die Nadel liegt nicht auf dem Boden«, sagt er, »sie liegt hier oben, irgendwo zwischen der Cognac- und der Whiskeyflasche.«

Ich tauge also nicht zum gedanklichen Trickbetrüger. Kurz glaubte ich, den Gedankenleser Jan Becker als reinen Hand- oder Körperleser entlarvt zu haben. Doch was ich nun erlebt habe, begreife ich nicht. Wodurch habe ich mich, wodurch hat sich mein Körper verraten? Wie konnte Jan Becker die imaginäre Nadel finden, wo ich doch dauernd auf den Boden geschaut habe?

Einen Gedankenleser ganz anderer Art lernte ich zufällig im Café Antipodes kennen. Erst als liebevollen Vater, der sich über sein Neugeborenes freute, und später dann, nachdem er sich mir gegenüber beruflich offenbart hatte, im weißen Kittel als Professor des Bernstein Center for Computational Neuroscience. Der Gehirnforscher John Dylan Haynes erforscht dort mit neuen bildgebenden Verfahren die Aktivitäten des Gehirns während des Denkens. Weil jeder Gedanke, den wir denken, mit einem unverwechselbaren Muster der Hirnaktivität verbunden ist, fragte sich John Dylan Haynes, ob es für ihn nicht möglich sein könnte, zu erkennen, was derjenige da gerade denkt. Wäre es für die Forscher also machbar, Gedanken zu lesen? Wie sich herausstellte, ist sogar weitaus mehr möglich als das.

Als ich John Dylan Haynes in seinem Institut, das der Charité angegliedert ist, besuche, zeigt er mir zuerst einmal die Kernspintomografen, die das Gehirn scannen und die Hirnaktivität sichtbar machen. Seine Arbeit beschäftigte sich am Anfang vor allem mit der Frage, wie das Gehirn die vielen Informationen codiert, mit denen sich unser Bewusstsein beschäftigt.

»Erstaunlicherweise«, so Haynes, »konnten wir anhand der Hirnmuster sehr schnell erkennen, ob jemand an ein Klavier oder beispielsweise ein Haus denkt. Aber besonders verblüfft hat uns, dass wir auch eine Entscheidung zeitlich vorher einsehen können.« Hat ein Proband zum Beispiel die Wahlfreiheit, einen rechten oder einen linken Knopf zu drücken, so kann John Dylan Haynes die Entscheidung, die noch gefällt wird, bereits, und das ist die Sensation, zehn Sekunden vorher einsehen. »Das können wir, weil das Gehirn dann schon ein ganz spezifisches Muster erzeugt.«

Das heißt, zehn Sekunden bevor eine Person selber überhaupt weiß, ob sie den linken oder den rechten Knopf drücken wird, können die Berliner Forscher dies bereits erkennen. Eine Entdeckung, die eigentlich bereits übers reine Gedankenlesen hinausgeht und etwas an Zauberei und Wahrsagen erinnert: »Pass auf, ich sage dir jetzt, was du gleich machen wirst.«

Die Debatte über die Willensfreiheit wird von Hirnforschern bereits seit Jahren geführt. In Berlin gibt es mit Haynes nun einen Forscher, der diese Debatte mit neuen Erkenntnissen darüber befeuert, ob nicht im Grunde vieles, was wir als Willensfreiheit betrachten, bereits vorher festgelegt, also determiniert ist. Fragt sich nur, wenn etwas in meinem Kopf bereits zehn Sekunden vorher weiß, was ich gleich tun werde, wer ist dann dieses Etwas in mir?

Die Berliner Forscher lüften derzeit spannende Geheimnisse rund ums menschliche Bewusstsein und ich muss anerkennend gestehen: Der Mentalmagier Jan Becker steckt voller Wunder und der Gedankenleser John Dylan Haynes macht die Wunder unseres Denkens sichtbar und einsehbar. Chapeau Berlin! Du steckst einfach voller Überraschungen. Nicht nur was deine Gedankenleser betrifft.